岩　波　現　代　文　庫

抵抗の新聞人
桐生悠々

井出孫六
Magoroku Ide

社会 327

JN053439

岩波書店

目　次

写真提供：金沢ふるさと偉人館（ただし、6、45、218ページは除く）

はじめに

かつてわたしの郷里の新聞『信濃毎日』に、桐生悠々《きりゅうゆうゆう》という主筆がいたことを、わたしは郷里から学生として東京に出てきたその年の秋、東京の新聞で初めて知ったのだった。

昭和二十六年(一九五一)十月二十五日から三日間三回にわたって、正宗白鳥《まさむねはくちょう》は『東京新聞』の文化欄に「人生如何《いか》に生くべきか」と題するエッセーを書いた。その冒頭は、こうである。

空は碧玉を延べたやうである。紅玉を延べたやうである。白玉を延べたやうである。秋の最中《さなか》の今の世界は、現世このまゝで天国の相を呈してゐる。しかし、外形はどうであらうと、人類生活の実情は決してのどかではないのである。日本はどうなるかといふ事は、誰でも考へるやうになつてゐる。少しでも泰平が続くと、いゝ気になつてはしやぐのが、人間の習ひであるが、今の日本はどつちを向いて見ても泰平無事の世の中ではなささうだ。

当時、この老作家は戦災をさけて疎開したまま、まだ軽井沢に隠棲していたはずだ。草原で山羊のかたわらに百姓然としてたたずむ正宗白鳥の写真が、雑誌のグラビアにのっていたのを、そのころわたしは目にした記憶がある。「碧玉を延べたやうな、紅玉を延べたやうな、白玉を延べたやうな」秋の空は、そのころ白鳥が住まっていた軽井沢のそれにちがいない。「現世このまゝで天国の相を呈してゐる」という感懐は、昭和二十年までの劫火《ごうか》に焼かれた東京の惨澹《さんたん》さを対置してみれば、老作家の実感とうなずける。

そのとき、白鳥は「人生如何に生くべきか」と自問せざるをえない。「人生如何に生くべきか」の問いは、この老作家が文壇生活五十年の間あくことなく問いつづけてきたもので、それは白鳥の商標ともいうべき常套句の匂いもするが、このエッセーに関するかぎり、いつもの高踏さとは異なる、あるべつの響きをかなでていた。

いま、煤《すす》けて黄色くなってしまっているそのときの新聞を繰ってみると、同じ日の第一面には、日米講和条約と安保条約が怒号のうちに衆議院の特別委員会を通過したことが報じられており、委員会での答弁に立った首相吉田茂が、駐留米軍の出動問題

について ひどく曖昧で不透明な答弁をしたことが伝えられている。数日後、全面講和か単独講和かの課題《イッシュー》をめぐって日本社会党が左右に分裂していく経過がわかる。いま思えば、戦後政治の重要な転換点で、正宗白鳥のこのエッセーは書かれていたのである。

エッセーの前半には、内村鑑三《うちむらかんぞう》の名が登場するが、内村の所得では税金を払う必要がないのに、彼は国民の義務を果たしていないようで申しわけないから払いたいと税務署に申しでたというようなエピソードが描かれる。要するに、明治・大正の知識人は「人生如何に生くべきか」を国家との対立関係で考える必要がなかった。それにひきかえ、昭和という時代には、もはや国家もしくは政治と無縁なところで「人生如何に生くべきか」を考えることが許されなくなったのだと、白鳥は言おうとしているかにみえる。その背後には、国家もしくは政治の圏外で「人生如何に生くべきか」を考えようとしてきた自らの来し方への苦い自省があったのかもしれない。

そして、エッセーの最終回に、突然、桐生悠々という耳なれぬ人物の名が現われる。ややや長文だが、その部分をそのまま引用することにしよう。

私は、最近、私の住所の地方紙信濃毎日の記念号を偶然読んでゐるうち、その新聞の昔の主筆であつた桐生悠々に関する記事に触目《しょくもく》して、感慨を催したのであつた。悠々は青年時代に志を立てて徳田秋声《とくだしゅうせい》と共に上京して学校生活に入つたので、私も、秋声の縁で、二三度会つたことがあつたが、今なほ心に残つてゐる彼についての印象は、彼が、防空演習のはじまりかけた時分に「防空演習を嗤《わら》ふ」といふ堂々たる題目の下に、社説として激烈なる感想を述べたことによつてである。無法な所論のやうに思はれて記憶に印銘されてゐるが、それは新聞の社説としては異例であつた。

無論軍部の怒りを買つて、社を追出されることになつたのだが、彼は、その後は、名古屋あたりで、微々たる箇人雑誌を出して、軍国主義の反対を唱へつゞけた。小さい雑誌だから、そんな事も続けられたのであらうが、あの時代に於ては、不思議なねばり強い態度であつた。

この雑誌は迫害を凌《しの》いで八年間も続けられたのださうだが、今度信濃毎日に抄録されてゐるその箇人雑誌の終刊号の所感を見ると、彼は不治の重患に罹《かか》るとゝもに、雑誌も軍部の圧迫のため廃刊となつたのであつた。それについて、彼は人生最後の感想として、こんな畜生道の地球に於て生存するのは無意味だから死んだ方がいいと何物かを叩きつけるやうな口調で、憤懣《ふんまん》を吐いてゐる。「畜生道の地球」と云つた言葉が鬼気を帯びて、今読む私の心に感銘された。彼はいかに生くべきか、いかに死すべきかを、身を以つて考慮した世に稀れな人のやうに、私には感銘された。これに比べると、今日のさま〴〵な知識人の賢明なる所論も、たゞの遊戯文字のやうに思はれないでもない。

桐生悠々についてふれたこの叙述のなかには二、三の錯誤が目につくが、さし当って、問題の社説が「防空演習を哂ふ」となっているのは、正確には「関東防空大演習を嗤ふ」と訂正しておかなければならない。それは戦時中各地で行われた防空演習のことではなく、昭和八年(一九三三)軍が報道管制をしいて行った関東一円の防空大演習のことであり、報道管制下に行われたそれを桐生は正面から批判したのだった。

『字源』によれば、哂は「そしり笑う」とあり、嗤は「さげすみ笑う」とあって、どっちでもよいようなものだが、語感の差を読みわけてみると、前者を「かげでそしり笑う」ほどの意味にとるとすれば、後者は「面と向かってさげすみ笑う」とでもいうべく、いっそう激しい気持がこめられているように思われる。昭和八年、きびしい報道管制下に行われた関東防空大演習を「かげでそしり笑った」人々は少なくはなかったろうし、正宗白鳥もその一人だったかもしれない。しかし、新聞人桐生悠々は

信濃毎日新聞　昭和八年八月十日（木曜日）（二）

關東防空大演習　第一日

三機編隊の赤翼機
凄惨、帝都を猛襲
全市修羅の巷と化す

再度、三度の空襲
執拗な敵機の攻撃

關東防空演習へ
御沙汰書を賜ふ

御沙汰書

昭和八年八月十一日（二）

評論
關東防空大演習を嗤ふ

『信濃毎日新聞』昭和8年(1933)8月10日付(夕刊)2面の記事と翌11日付(朝刊)の論説(左下)

「かげでそしり笑って」すますわけにはいかなかった。彼は「嗤」という活字をえらんで『信濃毎日』の論説欄で「関東防空大演習を嗤った」のであった。この論説は、内容よりもむしろ、「嗤」という表題の文字が軍部をはげしく憤らせたといわれている。「関東防空大演習を評す」とでもしておけば、事は荒だたずにすんだかもしれないともいわれる。しかし、「嗤」という文字をえらぶことは文字の遊戯ではなく、表題をふくめて、桐生の主張そのものだったといってよいだろう。

論説の趣旨は、のちにくわしく触れるはずだが、いま読み返しても堂々とした正論であった。木造家屋の密集した「帝都」に敵機が来襲するような陸軍の作戦計画を、真っ向から批判しているのである。

その桐生の杞憂は十年後に現実のものとなるのだが、そのとき、すでに彼は「畜生道」に堕した地球に訣別して、この世にいない。莫逆《ばくぎゃく》の友であった徳田秋声も戦火が東京の街をなめ尽す前に世を去っていた。もし徳田秋声が敗戦後存命であったならば、必ずやこの莫逆の友の水の上に描いた文字を想い起こして、戦後いちはやく桐生悠々について語っていたにちがいないのだが、すでに桐生に伝記作者はのこっていなかった。昭和十八年(一九四三)十一月二十一日、文学報国会小説部会葬として徳田秋声の葬儀が青山斎場で営まれたとき、友人総代として弔辞を読んだのは、正宗白鳥であった。その白鳥が、昭和二十六年の秋、秋声に代って桐生悠々の名を新聞に書きのこしたのも、奇《く》しき縁というべきかもしれぬ。

昭和二十六年の秋、エッセー「人生如何に生くべきか」を書く正宗白鳥の脳裡には、昭和十八年の秋のうそ寒い青山斎場の情景が想い起こされていたかもしれぬ。それからいくばくもなく、敵機は「帝都」の上空を頻繁に侵すようになり、街はなめるように焼き尽されていくなかで、東京の洗足池のほとりにあった正宗白鳥邸も一夜にして灰燼《かいじん》と化した。なまなましい体験が、フィルターとなって、白鳥のエッセーには〃高踏派〃の商標はかげをひそめ、ただ一人「関東防空大演習を嗤った」かつての知人桐生悠々の壮絶な生涯への感銘が吐露されることになったのでもあろう。

第一章　先祖由緒書から

桐生悠々は本名政次《まさじ》、明治六年(一八七三)五月二十日、旧加賀藩士族桐生廉平《れんぺい》の三男として金沢市高岡町で生まれた。母はきよ、そしてすでに九歳の善三郎、四歳の佐吉郎という二人の兄があった。

金沢城址の西に隣接した高岡町のあたりには、武家屋敷を思わせる土塀がいまもそのまま残っており、街並を行くと、土塀に囲まれた屋敷の庭先から、剣の腕をみがく武士《もののふ》たちの気合いが閑静な空気を裂くようにして伝わってくるのではないかというような錯覚にとらわれる。封建の制度が音をたてて崩れた維新ののち、武家屋敷の機能を停止してひっそりと静まりかえったこのあたりの家並のどこからか、琴をつまびく音や、謡曲のしぶい節がもれきこえてきたかもしれない。

そのころ、桐生廉平が藩知事に提出した「先祖由緒幷一類附帳」というものが残っているが、維新当時、桐生家は八人扶持《ぶち》、明治四年現在二十九俵一斗一升が給されていたとある。きわめて軽格の家柄であったといってよい。

廉平のたどった「七世祖父」吉右衛門は「京極若狭守《わかさのかみ》殿ニテ知行弐百石」とあるが、

国鉄金沢駅に近い堀川角場《ほりかわかくば》の久昌寺《きゅうしょうじ》には桐生家累代の墓碑があって、その伝承によれば、加賀前田侯二代利長《としなが》に織田信長の女《むすめ》が嫁《か》したとき、侍臣として桐生、富樫、長瀬という織田の三家臣が加賀に移籍されたと伝えられている。そのとき、織田の菩提寺《ぼだいじ》である尾張久昌寺は分け寺を金沢に得たのだが、当初、街の中心部東別院《ひがしべついん》の横に位置して建てられた久昌寺も、金沢の風は冷たく、いつのころか場末の堀川角場に移された事実が、移籍の家臣桐生家の加賀百万石のなかでの位置を表わしているといってよい。しかし、傍流は濁りようもなく、澄んだ水が流れていたともいえる。半折の和紙七枚を糊づけして右肩をこよりで綴じた「先祖由緒幷一類附帳」は、達意の筆で丹念にしたためられており、そこに父親廉平の生《き》まじめな人となりがにじみでている。廉平は今村家から桐生家に迎えられた人で、養家《ようか》に入ってからその晩年まで日記を書きつづけていたともいわれるが、いまその行方はわからない。

慶応元年（一八六五）、将軍徳川家茂《いえもち》の上洛をもって、幕末政局の舞台は一挙に京都へと移るとともに、全国の諸侯もぞくぞくと上洛した。このときの藩主の行動は、維新後の政治地図を大きく左右することにもなる。加賀百万石の藩主前田慶寧《のりやす》は、一方で福沢諭吉の『西洋事情』に啓発され、非人小屋の惨状を改めて遊民授産の方法を講ずるを政治の要務とするような幕末啓蒙君主の一人ではあったが、京都にはげしく渦巻く虚々実々の政治交渉の渦中に卓《ぬき》んでるにはあまりに穏和すぎる開明君主の一人でしかなかった。尊皇、佐幕、攘夷、開国という政治課題の錯綜するなかで状況の混沌とした禁門の変前夜、前田慶寧は病気と称して金沢に引きあげてしまうのだが、その瞬間、維新の政局に向けての百万石大藩の影響力を完全に喪失することになる。明治の金沢の〝負の歴史〟は、この慶寧の京都脱出に始まるといってよい。

封建三百年に蓄えられた加賀の文化には、江戸や京・大阪につぐものがあった。維新の軌道に乗りそこねた金沢には、〝不平士族〟が数多く生みだされていった。明治二年(一八六九)の夏、開明派の家老本多《ほんだ》政均《まさちか》が二の丸殿中において守旧派に刺殺されたのを契機にして、幾たびか暗い鮮血が流され、ついには、明治の元勲大久保利通《としみち》を東京四谷の紀尾井坂に暗殺した島田一郎、長連豪《ちょうつらひで》ら旧加賀藩不平士族を生むにいたった。その島田一郎は足軽の生まれではあったが、「性剛健、堂々たる容貌に温情をたたえ、友情に厚い」人物だったと伝えられている。

桐生廉平もまた、島田一郎らと同じ世代に属する軽格の士であったが、鬱屈した金沢でいったいどのように生きようとしていたのか。

三男政次の生まれた翌年、明治七年(一八七四)三月、秩禄《ちつろく》公債証書発行条例が制定された。この転業資金をもって、桐生廉平は長く住みなれた高岡町を引き払い、金沢でも最も繁華な横安江町に移ってそこに紙問屋を開いた。廉平の選んだ紙問屋が、果たして〝武家の商法〟であったかどうかは、いまにわかに断定はしがたいが、翌明治八年(一八七五)家付娘であった妻きよを病いで失ったことは、桐生家に暗いかげを投げた。三男政次はまだ満二歳にもならぬ乳呑み児として、母のおもかげを知らぬ子として育てられなければならなかった。桐生悠々の書きのこした文字に「母」ということばがないのは、そのためにちがいない。

明治十三年(一八八〇)、彼は学齢に達し、金沢城址にほど近い仙石《せんごく》町の金沢小学校に入学したはずだが、幼少のころの己れを桐生悠々はほとんど語ってはいない。いま、徳田秋声の年譜(野口冨士男『徳田秋声伝』)を見れば、明治四年生まれで二歳年長の徳田秋声は「発育不良のため学齢に一年おくれて養成小学校に入り」、さらに「第四学年後期で原級留」となったのち、金沢小学校の高等科に移って「同級に桐生政次がいた」となっている。明治十七年(一八八四)、桐生政次十一歳、徳田末雄《すえお》(秋声の本名)十三歳のことである。しかし、二人が相知って深く交わり生涯の盟友となるのは、それから数年後、彼らが石川県立専門学校に進んでからのことと考えてよい。石川専門学校は明治二十一年第四高等中学校となるから、二人は四高の草創期に学んだことになる。

徳田末雄もまた旧加賀藩士族の三男坊で、その生い立った環境は、桐生政次のそれと酷似している。徳田末雄にもまた二人の兄があって、長兄直記は巡査となり、次兄順太郎は鉱山技師となっているが、桐生政次の長兄善三郎が同じように巡査となり、次兄佐吉郎が鉄道技師になっていったのと、それはひどく似ているではないか。末雄と政次が三男ゆえに第四高等学校に学び、ともに文学青年となった背景には、長兄、次兄がともに早く家計を助けるべく、職業人となっていく道程があった。それは、明治初年の貧乏士族の子弟のひとつのパターンであったともいえよう。

しかし、徳田家と桐生家を比較すれば、秋声の父徳田雲平《うんぺい》が明治四年提出の「由緒書」によれば五十三俵二斗一升と、およそ桐生家の二倍の禄を給せられていたことがわかる。サラリーマンの給与におきかえれば、徳田家がほぼ課長待遇というところであり、桐生家は平社員といったところでもあろうか。

しかし、徳田雲平は次々に妻を失って三人の妻から七人の子をもうけたことになり、その家計は桐生家に劣らず苦しかったにちがいない。三組の異腹の子ども七人が肩寄せあって育たねばならなかったその生い立ちの記憶が、のちに『黴《かび》』、『足迹《あしあと》』、『爛《ただれ》』の作家徳田秋声を生んだともいえる。その徳田秋声は、晩年にいたって、『思ひ出るまゝ』（『文藝春秋』）、『光を追うて』（『婦人の友』）という若き日を回想した自伝小説を書いて、そこに桐生悠々を実名で登場させることによって、旧友の若き日のプロフィールを描きとどめた。そのなかに、桐生紙店の店の構えと店主の風貌が映しだされている。

桐生の家は、等《ひとし》（『光を追うて』の主人公。徳田秋声の若き日の姿と重なる人物）が初めて交際した頃には、本願寺前にある間口の広い紙屋だつたが、後に少し狭いところへ移り、その帳場に坐つてゐる、桐生が老人になつたら、あゝもあらうかと思はれる父親が坐つてゐた。

晩年の桐生悠々はYシャツの姿のまま下駄ばきで、個人雑誌『他山の石』の校正に、名古屋郊外守山の自宅から市内の印刷屋に通っていた。そのときの写真が、いまわたしの手元にある。みごとに禿《は》げあがった量感のある頭蓋に、肉の厚い両の耳。尻上がりの太い眉と、逆にやや尻下りのギョロリと見開かれた両の眼。厚手な獅子鼻に、キッと結ばれた大ぶりな口。

若き日の徳田秋声が、本願寺わき横安江町の桐生紙店の店先で見かけた元士族桐生廉平の風貌に、それは酷似していたといえよう。そして、逆に、ここに描いた晩年の悠々の風貌から年輪をひいて、少年の日の風貌をモンタージュすれば、きかん気の激しい、しかしどこか底ぬけに素直な賢い少年の像が浮かんでくるような気がする。

それにしても、気になるのは、本願寺わきの間口の広い桐生紙店が、いつしかもっと狭い店に移っていったという、秋声の証言だ。

そこで、悠々の戸籍を見ると、前記高岡町のほか、横安江町三十五番地、弓ノ町三十四番地、鍛冶町八十八番地、石坂角場《いしざかかくば》二ノ十三番地、大衆免中通《だいじめなかどおり》五番地、と桐生一家の住居は金沢市内を転々と移り変ったことが示されている。しかし、同じことは徳田秋声の家についてもいえる。東馬場町から高道町《たかみち》へ、さらに浅野町、御徒町《おかち》、味噌蔵町《みそくら》へと、要するに、桐生、徳田ら旧藩士たちは経済の窮迫を転居でしのいだといえないだろうか。

しかし横安江町本願寺わきに間口の広い紙問屋を構えた当初の桐生家の家政については、〝こもかぶり〟だったという説がある。〝こもかぶり〟とは当時旧士族の間で交されたことばで「生活は地味だが、しっかりした財産がある」というほどの意味だときいいた。じっさい、長兄善三郎に結婚話がもち上がったころ、桐生の家には女中が三人もおり、正月には家族が一週間も山代《やましろ》温泉に湯治に行けたとも伝えられている。

長兄善三郎が迎えた新妻喜久栄《きくえ》は、栂《とが》貞次郎の長女となっている。いま、栂家家譜を見れば、栂貞次郎は弘化二年亡父の跡を襲《つ》いだとき家禄千石を給わって御馬廻組頭支配を命ぜられたとある。加賀百万石の藩制ヒエラルヒーは堅固で、藩政の最高機関は三老臣たる年寄、家老、若年寄からなっていたが、そのうち、年寄は家禄一万石以上の「八家」から専任されることになっており、家老、若年寄に寺社、公事《くじ》、算用などの各奉行の要職は家禄千石以上の約七十家からなる「人持組《ひともちぐみ》」からのみ選ばれることになっていた。喜久栄の生家栂家は、その人持組の家格であった。すでに幕藩体制の崩壊した明治十年代の金沢で、人持組の家格にどれほどの意味があったかは知らぬが、栂家の長女が八人扶持の桐生廉平の長男善三郎に嫁してきたところに、加賀身分制の崩壊が物語られている反面、〝こもかぶり〟と形容された桐生家の家政が語られているともいえる。

こうみれば、幼くして母親に死別したとはいえ、幼少年期の桐生政次は、経済的には何不自由なく育てられたようでもある。秋声の語るところによれば、桐生政次の幼少の読書量は豊かで、俳句、文楽、謡曲などのたしなみをもっていたというのも、そのころの桐生家の家政がもたらしたものでなければならない。

だが、明治十年代後半の金沢の経済情勢はとりわけ武家の商法にきびしく、『年表金沢の百年』(一九六五年刊)を見れば、明治十六年(一八八三)四月には、「金融恐慌の激化で第百八国立銀行が閉店」、翌明治十七年にも「金融機関続々破産、士族の窮状は深刻化」し、その年の八月には「物価暴落で倒産者が続出して不況のどん底に陥った」が、十月には北陸銀行が支払いを停止して休業に入ってもいる。

さらに明治十八年(一八八五)京都の『日の出新聞』の報ずるところによれば「石川県の疲弊困窮は実に名状すべからざるものあり、輪島の漆器、九谷陶器などの工芸品は全然さばけず金沢の人口九万五千の十分の一は其《そ》の日の暮しにも差しつかえる貧民なり、近来乞食の数を増し毎朝群をなし横行、その惨状見るに忍びず」と北越からの帰来人の談をのせている。制度取調局の調査によれば明治十八年八月、石川県士族の破産者数一〇九〇人、金沢区内の金貸し営業会社は十一社資本金合計額二十九万一六〇〇円となっている。極度のデフレ政策を強行した松方財政の結果は、金沢にも右のような惨状をひき起こしていた。

間口の広い桐生紙問屋が「のちに少し狭いところへ移った」というのは、松方財政のもたらした経済的疲弊の結果と推し測ることができる。戸籍に見える桐生家第二の移転先、金沢市弓ノ町三十四番地は、当時作られた「実測金沢市明細地図」で見ると、郊外の石川県監獄署建設用地に隣接した新開地の一画であることがわかる。

狭くなった桐生紙店の店先には、売れない紙のほかに、小間物なども並べられていたという秋声の回想には、そこはかとなく士族の商法の没落過程が描かれている。不況の波からの一時的撤退と思っていたこの転居は、桐生廉平には深い打撃となったに相違ない。廉平の死はそれから四年後の明治二十二年の秋のこと、享年わずか四十五歳、その死因は老衰であった。後年、桐生悠々はその父を次のように描いている。

私の父は酒を飲み得なかった。偶々《たまたま》祝事があって、二三盃飲めば、直ぐ顔が真赤になって眠むそうに見えた。——

私は十六歳の時父に死に別れたが、父は臨終の床に於て、私には二人の兄があるけれども特に養子に行かず、私に我家を建ててくれとたのまれたのであった。

病床の廉平は、最後に葡萄を食べたいとつぶやいた。三男の政次が街に走って買い求めてきた葡萄の一房を、幾粒か口に入れてもらったのち、この不遇な士族の謹直な家長は、最後の息をひきとった。

第二章　若き二人の作家の肖像

父廉平の没する前年明治二十一年四月には、前年金沢に設置のきまった第四高等中学校(明治二十七年九月、第四高等学校と改名)が発足し、桐生政次は県立石川専門学校から補充科二級に編入されている。

――

ちなみに、第四高等学校の誕生を、『年表 金沢の百年』で見ておくと、

明治十九年十二月二十四日 石川県人が熱望していた第四高等中学校の設置がきまり位置が確定したので、前田侯は八万円を寄付、県知事以下郡区長属官も一カ月から二カ月間俸給をさいて寄付し、民間有志の分も加えこれまた八万円に達した。

明治二十一年二月二十一日 北条時敬《ときよし》が石川県専門学校長心得を命ぜられた。専門学校は三月限りで廃止され敷地校舎資産を第四高等中学校に引継いだ。

明治二十六年十月三十日 第四高等学校の新築落成式を挙行した。

維新以来、文明開化の軌道からともすれば遅れがちだった北陸の首邑《しゅゆう》金沢が、四高設置をいかに渇望していたかがわかる。伊達《だて》六十二万石の仙台に第二高等学校をうば

われたとはいえ、熊本五十四万石の第五高等学校に先んじて辛うじて百万石の面目を保ったその背後には、東京本郷の旧加賀藩邸をそっくり帝国大学用地として提供するという犠牲さえはらった。加賀藩没落士族にとって、第四高等中学校に子弟を入学させることは、傾いた家運の浮揚に一縷《いちる》の希望を託すことでもあった。そのためには、長持《ながもち》のなかにしまわれていた刀剣、甲冑《かっちゅう》、鍔《つば》などの家宝類、はては仏壇までも売り払うという犠牲さえともなったという。ともあれ、徳田末雄、桐生政次の二人は祝福されて、希望の階段にのぼっていった貧乏士族の子弟であった。秋声は開校当時の空気を次のように記している。

　徳川時代に枉屈《おうくつ》してゐた精神が、維新の政変にも立ちおくれて、ちやうど私達の少年期の人達に、交々《こもごも》その反動としての発奮がいくらかあつたものらしく、あの時代の学窓の空気には、何か鬱然とした勃興力のようなものがあつた。

それゆえにといってもよい、第四高等中学校に新任校長として、薩長藩閥政府が任命したのは鹿児島出身の柏田盛文《かしわだもりぶみ》という官僚で、薩摩風の荒々しい校風づくりに奔命した。後年、桐生政次が記者になってからのことだが、新潟県知事となっていた柏田盛文の名が新聞に載ったのが目に入った。東京赤坂の市電のなかで、伊藤博文公から賜った金時計を掏《す》られたといって届けでた男が柏田だった。その金時計がきっかけとなってあの有名な仕立屋銀次が捕えられたのだった。

柏田の薩摩流の武断教育に抗してか、一方では「靖献遺言党《せいけんいげんとう》」といういくぶん時代錯誤な学生気質が学内に横行した。靖献とは、書経にいう「義に安んじて、先王にその志を致す」との謂《いい》だ。四高設立にあたって前田侯は率先して八万円の基金を寄せた。「靖献遺言党」の生まれる基盤は、当時の金沢に十分あったといえる。だが、秋声によれば政次は、

「あんなのは皆な青春期の色情の擬装に過ぎんよ」

と、一蹴してとりあおうとしなかった。すでに若くして、醒《さ》めた目が桐生政次のなかに育まれていたことに注目しなければならない。その視線は、のちに乃木希典《のぎまれすけ》が天皇に殉じて自刃したとき、信毎主筆として「陋習《ろうしゅう》打破論」をもって乃木の死を批判したその目に通じているからである。

己れより二歳も年下の政次が靖献遺言党を「青春期の色情の擬装」だと否定するその自信の前に、年長の秋声は「必ずしもさうとも思はなかつたが、いくらかは徹《こた》へた」と告白しているところに、秋声の動揺が読みとれる。

桐生政次は、第四高等中学校編入の翌年、父を失った。登りかけた希望の階段ではあったが、父の死という現実に遭遇したとき、学業の継続はほとんど不可能であった。退校して職を探したらどうかと勧める長兄の前で、涕泣《ていきゅう》して学業の継続を懇願する義弟の後姿を、兄嫁の喜久栄は唐紙《からかみ》のかげから哀しく眺めたと語っていたという。

父の歿後まもなく、素人下宿に移って己れとさして年のちがわぬ若者たちに英語、幾何、代数などを教え、いまのことばにすれば「塾」のようなアルバイトで生活を支えながら学業の継続をえらんだ政次の決意の背後に、そんな情景があったことを、秋声が知っていたかどうか。靖献遺言党を否定する政次を、「彼は既に世間苦を嘗《な》めてゐたゞけに……大人らしい理解を示した」と秋声は説明しているが、それだけではなかった。桐生政次と徳田末雄は、ともに同じ加賀藩没落士族の子弟であったとはいっても、徳田家の幕末の禄高七十石、末雄の母の出た津田家は前田侯直臣として四百石を給される名家であった。すでにふれたように、八人扶持の桐生家とは、封建身分制の配置図の上ではかなりのへだたりがあったことははっきりしている。ここで桐生廉平の書いた先祖由緒をあらためて見なおせば、養母は「御当地町人田井屋久兵衛娘」とあって、桐生家家譜には、加賀に勃興していた町人階級の系譜がすでに入ってきていたことがわかる。

「旧来の陋習を破り天地の公道に基く可《べ》し」。これはいうまでもなく慶応四年(一八六八)三月十四日、維新の精神を闡明《せんめい》するべく公布された「五箇条の誓文」の第四条だが、桐生廉平と徳田雲平のどちらがこれをわだかまりなく聞けたかは想像に難くない。それは当然、その後の徳田、桐生の両家の空気にもつながっていったであろうことも想像に難くない。「靖献遺言党」に心のたゆたいを示す徳田末雄と、自信をもって一蹴する桐生政次という二人の青年の位相の差がそこにある。後年、乃木希典の殉死を批判した拠《よ》り処《どころ》も五箇条の誓文のこの第四条であったし、晩年八年出しつづけた個人雑誌『他山の石』の巻頭に掲げたのも、五箇条の誓文であったことが思いあわされる。桐生政次は、維新の精神の嫡出子として育っていった。維新の精神の嫡出子がのちにジャーナリストの道を選び、維新の精神の庶子が小説家の道を選びとっていくのも、明治という時代の興味深い面貌といわなければなるまい。

しかも、桐生政次をして生涯ジャーナリストの道を歩ませることになる最初の機縁は金沢のごく身近なところにあったといってよい。彼が第四高等中学校に編入された明治二十一年四月、『北陸新報』の主筆として赤羽《あかば》万次郎《まんじろう》が金沢にやってきたが、いま宮武外骨《みやたけがいこつ》稿「新聞雑誌関係者略伝」を見れば、

あかばまんじろう　長野県松本の人。明治三十一年九月歿。旧姓は川口、号は痩鶴《そうかく》、明治十四年七月赤羽家に入る。『東京横浜毎日新聞』、『足利新報』を経て、明治十八年五月、大阪の『内外新報』に入る。明治二十年六月『信濃毎日新聞』主筆。明治二十一年金沢の『北陸新報』主筆となり、明治二十六年まで在社。そして同年八月五日改進党系紙『北国新聞』を創刊、歿時に至った。この人は、大体改進党員として終始した。

とある。改進党系の新聞人沼間守一《ぬまもりかず》に育てられた赤羽万次郎の経歴を見ると、どこかその後の桐生悠々の履歴に似通ったものが感じられる。とりわけ、赤羽万次郎が初めて主筆の座を得た『信濃毎日』は、二十数年後に桐生悠々が初めて主筆として迎えられる新聞ではないか。政争のはげしい北陸の首邑に、赤羽は改進党の論客として派遣されてきたものにちがいない。そしていつしか、四高の英才桐生政次は赤羽万次郎と相知るようになっていた。そのころの事情を秋声の回想によって見れば、

悠々は等《ひとし》(秋声)も一緒に訪問したことのある赤羽万二郎といつて、改進党の機関紙である土地の新聞の主筆として、中央からやつて来た男とも接近してゐて、偶《たま》

には論説の代筆なども頼まれてゐた。赤羽は三万二郎《さんまんじろう》の一人といはれ、少しは操觚界《そうこ》（新聞・雑誌界）に名の売れた、白皙《はくせき》美貌の紳士だつたが、何かといふと西洋の大哲学者や政治家の文句を引いて、田舎の読者を脅かし、時には迹形《あとかた》もない偽造の文句を並べたりして、学識を衒《ひけら》かさうとするのだつたが、これは等が後に懇意になつた自由党の機関紙の主筆に迎へられた三田の経済部出の青年が、要もないのに統計の数字を並べて見せるのと、同工異曲であつた。桐生は赤羽の此《こ》の手を見透《みすか》してゐたので、造作もなく取り入ることも出来、時々細君が気を利かしてくれる小遣ひにも有りつくことが出来た。

と描かれており、四高時代の桐生政次は赤羽の論説の代筆をアルバイトとしてやっていたことがうかがわれる。しかも、秋声の語り口からは、まだ十代の高校生でありながら桐生政次は赤羽の手のうちを見すかして代りに筆をとることができるほどの早熟を示している。四高から帝大へと、悠々はアルバイトで生活した。そのころ、「書生」といって政治家や実業家の玄関番をする学生はいたが、悠々はこの「書生」の道をとっていない。つてもなかったにはちがいないが、若いころから他に寄生することを嫌《いと》う独立の精神が強かったのかもしれない。あまたある養子の口を断わったといっているのも、その気持に通じている。

それにしても、桐生政次が二十歳《はたち》になるかならぬかの青年期に、改進党系の機関紙『北陸新報』の寄稿家としてかかわったことは興味深い。赤羽万次郎が『信濃毎日新聞』をへて『北陸新報』にたどりつく前、『東京横浜毎日新聞』から『足利新報』に籍をおいた時期があるが、それは、当時栃木県会にあって「栃鎮《とっちん》」の異名をとり、やがて数年後には足尾銅山による渡良瀬川流域の鉱毒問題にその政治生命をかけることになる田中正造《しょうぞう》の招請によるものであったという事実がある。赤羽と桐生政次のあいだで、まだ当時全国的にその名を知られてはいなかった特異な政治家田中正造のことが話題として交されたかどうか推測の限りではないが、鉱毒と水没の村谷中《やなか》に賭けた晩年の正造のひたむきさと、晩年『他山の石』によって戦争の非と愚を説きつづけるべく下駄ばきで名古屋の印刷所に通った老記者悠々のYシャツの後姿には、どこか相通ずるものが、わたしにはあるような気がしてくる。

桐生悠々が改進党系の『北陸新報』にかかわったのと相前後して、盟友徳田末雄が同じ金沢で『北陸新報』などよりもさらにちっぽけな自由党系機関紙『北陸自由新聞』の主筆渋谷《しぶや》黙庵《もくあん》に近づいて、その編集にたずさわっている事実も興味深い。それは青春の精神的彷徨のひと駒《こま》にすぎぬともいえるが、青春の精神の位相が後半生に投げかける翳《かげ》もまた無視できぬからだ。

周知のように、自由民権の流れには、その本流としての自由党と、傍流ともいうべき改進党の二つの流れがあった。どちらかといえば自由党のラジカルスに対して、改進党は穏健派とされている。自由民権の本流たる自由党の草創をになったのは、いわゆる「士族民権」だが、その士族民権の反権力の質のなかには、藩閥政権たる明治政府から疎外されたいわゆる不平士族の心情が混在していたことは否定できない。旧百万石の城下金沢にも、不平士族の心情は横溢《おういつ》していたが、かつての特権を剝奪されて市井《しせい》の底に沈んだものほど、その心情が強く働いたこともまた自然な成りゆきであったといえる。

すでにみたように、旧加賀藩身分制の配置図における徳田、桐生両家の立場の相違を想起すれば、徳田末雄の体内に「枉屈《おうくつ》」して蟠《わだかま》っていたものが自由党の系譜に接近していく道筋は、それとして理解できるような気がする。ついでに言えば、明治三十年代、精神的風化ののち自由党はその血脈を政友会につないで、さらに大正・昭和へと生きのびていくわけだが、大正の前半「力の政治家」として政友会をとりしきることになる原敬《はらたかし》という人物に対する徳田、桐生の好悪の感情を追跡してみると、徳田秋声は原敬に一種の親近を示すのに、桐生は終始政友会と原敬に批判的立場をとっていることに気づかされる。徳田秋声は一方で原敬に親近の情をよせながら、たとえば年譜で昭和五年（一九三〇）の項を見れば、六十歳の秋声は「二月、衆議院選挙に際し、石川県第一区を地盤として社会民衆党から立候補を思い立って帰郷したが、次兄の諫《かん》止《し》に遭《あ》って断念」とあるようなラジカルな面をのぞかせている。たしかに、それは不可解な矛盾と映るが、根源を青春期の金沢にたどれば、矛盾の道筋は透視されてもくる。

少なくとも、桐生悠々には、秋声にみられるような矛盾はない。徳田家の七十石取りに比べれば格段に低い最下級の士族桐生家の三男に生まれた政次には、自由党が汲みいれた不平士族の反権力の心情に対する共鳴はなかったと理解すべきだろう。明治新政権になって、失うべきものがなかったどころか、維新の綱領たる五箇条の誓文は、最下層の士族をむしろ解き放つ標《しるべ》でさえあったろうから。どちらかといえば、都市商工階層にその支持を見いだしていた改進党の機関紙に、桐生政次が接近していったのもまた自然の成りゆきであったといってよい。のちに触れることになるが、新聞人桐生悠々は、皮肉なことに『信濃毎日』『新愛知』と、ともに政友会系の地方紙に主筆として迎えられる運命にあるが、つねに彼は政友会に対する批判者であり、「力の政治家」原敬に筆誅《ひっちゅう》を加えて、この政治家を激怒させさえしている。それは、『北陸新報』紙上で赤羽万次郎の論説を代筆した四高生桐生政次と決して相矛盾するものではなかった。

これものちに詳しくみることになるが、論説記者桐生悠々は、何度かの筆禍のゆえに新聞史の上で忘れられぬ人物になったけれども、その筆禍は、思想を左右の横軸においての彼の思想が左に傾いたために起こったものではなく、時代状況が勝手に右に移動したために引き起こされたところに、その特徴があるといってよい。桐生悠々という記者の視座は、基本的には不動のものであったという点において、少なくともこの国のジャーナリズムにあっては、稀なる存在であったというべきだろう。

筆は思わず秋声、悠々の後年に走ってしまったが、ここではまだ二人はようやく二十代に手のとどいたばかりの青年期だ。いましばらく青年の足跡をたどらねばならない。

二

第四高等中学校の学生たちは、夏になると金石《かないわ》海岸へ海水浴に通う習慣があった。当時の徳田末雄、桐生政次の二青年のプロフィールを、いま野口冨士男氏の『徳田秋声伝』を借用してスケッチしてみよう。

当時、秋声は『南総里見八犬伝』などを耽読していたが、悠々もまた往復二里の行程を歩いて海水浴に同行した仲間の一人である。そうして「いつとはなし接近し合つ」た二人は、道々「露伴《ろはん》や紅葉《こうよう》や鷗外《おうがい》や逍遙《しょうよう》や、西鶴《さいかく》や近松《ちかまつ》を論じ」合っているると、話の興味に脚の疲労も忘れてしまうほどであった。——悠々の方からも秋声をたずねて来たが、秋声も彼をその下宿におとずれて、二人は頻繁に往来した。そして、辞書を引きながらシェイクスピアの『真夏の夜の夢』を共同で訳読しようとしたが、さすがに彼等の当時の語学力では歯が立たなかった。しかし、いつの間にか『七部集』などにも眼を通していた悠々の俳句に対する鑑賞眼にはかなりすぐれたものがあって、芭蕉《ばしょう》の幽玄味を説いたり審美論をくりひろげてみせたりした。——

「酒も飲めば唄も謳《うた》ひ、女も遊べば跳ね狂ひもする。明朗なこと快豁《かいかつ》なことにおいて」(『思ひ出るまゝ』)秋声とはすべてが対蹠的《たいしょてき》であった悠々は「月琴も弾き、親ゆづりの謡曲も唸れば、義太夫も巧かつた」。そして、文学談にもあきると尺八を取上げて「鶴の巣籠り」などを奏しはじめたが、「さういふ時の彼は、年喰ひの等より一つか二つ若いのに、ひどく大人に見えた」。

これは、秋声の晩年の自伝的作品『光を追うて』『思ひ出るまゝ』などによって、秋声の目を通して再構成した桐生政次像だが、桐生悠々もまた秋声の作品と同じ「思ひ出るまゝ」という回想のなかで、同じ時期を次のように語っている。

当時の文壇では、一方では坪内逍遙博士が「早稲田文学」に拠り、他方では、森鷗外博士が「しがらみ草紙」に拠って、互いに論難したときであって、そして私はこの両雑誌を毎月欠かさずに読んで、改撰《かいせん》ひたすらにただ心を躍らせたものだった。……硯友社《けんゆうしゃ》一派が「新著百種」を春陽堂から発行し、尾崎紅葉氏の「色懺悔」を筆頭に、次ぎ次ぎに同社同士のいろいろの短篇小説が続刊されるに至り、私は矢も楯も堪《たま》らず、小説家たらんとする念願に燃え出した。趣味を同じくする関係から、当時自然に相知った秋声氏と私とは、この「新著百種」にまねて窃《ひそか》に「未開稿」なるものを創設し、これに二人が隔月に筆を執って、互に相評していたが、「新著百種」にいろいろの物が出て、終《つい》にはくだらないものまでが蒐輯《しゅうしゅう》されたのを見た二人は「どうだい君、これ位のものなら、僕たちだって書けるじゃないか」と互に話し合うほどの自惚《うぬぼ》れが出て、功名心にあせる二人の青年は、ここに上京を決心したのであった。第四高等中学校を退学して。

伊藤整《せい》『日本文壇史』の第二巻は、「新文学の創始者たち」と題されて、明治十九年から二十年代の半ばにかけて一度に開花したかの観がある明治文学の隆盛期を描くのにあてられている。いまその内容を簡略に述べれば、

――『新体詩選』の出版と山田美妙《びみょう》の言文一致の新文体。それに刺戟されるようにして登場する二葉亭《ふたばてい》四迷《しめい》の『浮雲』をいち早く高く評価した新進批評家石橋忍月《にんげつ》。ドイツから帰朝した森鷗外の訳詩集『於母影《おもかげ》』と小説『舞姫』をひっさげての颯爽《さっそう》たる登場。その鷗外と逍遙とのあいだで交される「没理想論争」。尾崎紅葉を中心とした硯友社の全盛と幸田《こうだ》露伴の光芒にかくれる北村透谷《とうこく》の「楚囚の詩」等々……、となっている。

わずか五年余の圧縮された時間のなかに展開された混沌ともいうべきこの開花は、文学史の上でも他に類をみないほどの活力に富んでいる。ちょうどそれが、徳田末雄、桐生政次の四高時代の「枉屈」たる精神期と重なっている時間だ。当時まだ金沢には文明開化のシンボルともいうべき鉄道は東京から達してはおらず、文明開化の余慶は

決して敏速に運ばれてきていたわけではないにもかかわらず、二人の敏感な触角は、東京に動きはじめているその文学的気流を、先の桐生の回想にみたようにかなり正確にとらえていることは、おどろくべきことといわねばなるまい。

硯友社の若い作家たちの短篇集『新著百種』を手にしたことが、直接の発条《バネ》となった。「どうだい君、これ位のものなら、僕たちだって書けるじゃないか」とつぶやいたのは、むしろ年少の自信に充ちた桐生政次であった形跡がうかがわれる。二人は、矢も楯もたまらず、文化暮れなずむ金沢をあとにして東京を目ざすことになるのだが、その二人の出奔《しゅっぽん》が、のちに伊藤整『日本文壇史』第二巻の「新文学の創始者たち」の掉尾《とうび》を飾るエピソードになるなどとは、当時徳田末雄、桐生政次の二青年は思ってもみなかったとしても、それにふさわしいだけの鬱勃《うつぼつ》たる心に二人の行為がつき動かされていたことはまちがいない。伊藤整の描写によって、二人の文学青年の金沢出奔を追うことにする。

(明治)二十四《ママ》年の三月末、徳田と桐生は、まだ雪の深い越中境《えっちゅうざかい》の倶利伽羅峠《くりからとうげ》を徒歩で越え、親不知《おやしらず》の危険な道を通つて、新潟県の直江津に入り、そこで生れて初めて見た汽車に乗り、終点の長野で泊つた。その先はまだ汽車がないのでトンネル工事をしてゐる最中の碓氷峠《うすいとうげ》を、土工たちの鋭い目つきを怖れながら越え、明治十七年以来開通してゐた高崎上野間の鉄道に乗つて上野に着いた。そして越前堀の近くの下宿に二人は落ちついた。二人とも小説家になるつもりで小説を書いて持つてゐた。二人は、時の文壇の花形である尾崎紅葉に原稿を読んでもらつて、それによつて文壇に出るつもりであつた。徳田は幸田露伴を尊敬してゐたが、文壇に出るには紅葉の方が頼りになるやうに思はれたのである。

三年前に徳田末雄が、第四高等中学校の入学試験場で見覚えたあの小柄な丸顔の美少年の泉鏡太郎《いずみきょうたろう》(鏡花《きょうか》)は、この前年の明治二十三年十一月に、徳田の通つた道とは反対に福井県を経て敦賀に出、そこから汽車に乗つて上京してゐた。彼もまた尾崎紅葉について小説家にならうと思つた。彼はその時十八歳であつたが、十七歳の時尾崎紅葉の「色懺悔」や露伴の「風流仏」を読んで、小説家にならうとする志を立てた。彼は金沢の彫金師泉政光といふものの子であつた。明治維新の後、古い伝統を持つた芸術家たちは、多く生活に困つたが、能楽師たちは特にその保護者なる大名たちを失つて困惑した。宝生《ほうしょう》流の能楽師松本金太郎は、金沢へ行つた。その時連れて行つた鈴といふ妹が金沢で泉政光と結婚して、鏡太郎と豊春(泉斜汀《しゃてい》)といふ二人の男の子を生んだ。彫金師の政光もまた刀の鍔や目貫《めぬき》を作る仕事がなくなつたので生活が困難であつた。鏡太郎が十一歳の時母の鈴が死んだ。彼はそのあとに来た継母には馴染まず、弟と共謀して反抗した。家が貧しいので彼は学費のかからない西洋人の経営してゐたミッション・スクールで英語を学んだ。

泉は紅葉を訪ねて弟子にしてもらふつもりであつたが、東京へ出てから後、伝手《つて》もないし、気おくれして訪ねて行くことが出来なかつた。彼は下宿にゐたが金を払へないので次々と追ひ出され、裏長屋に一人で住んだりして十数回も居を変へ、しばしば食事にも事欠いた。ある時は鎌倉へ行つて由比ケ浜を歩き、このまま海で死なうと思つた。

徳田末雄と桐生政次の二人も、下宿屋にゐて次第に金が足りなくなつた。徳田は財布を開けて見てほろりとするやうなことがあつた。下宿では豆腐と辛い塩鮭ばかり出され、量もまた足りなかつたので、二人は大福餅や餡《あん》パンを買つて空腹を補つた。

桐生政次と徳田末雄の金沢出奔の部分は、『日本文壇史』にあげられた参考文献一覧を見れば、徳田秋声の『光を追うて』によって書かれたものと推察されるが、上京した二人の青年の生活は三カ月と保《も》たなかったことはすでに野口冨士男氏らの秋声研究で明らかにされているから、『日本文壇史』の次の記述にはいくつかの訂正されるべきところがある。

> 泉(鏡花)が尾崎家に入つて数日たつた十月のある日、徳田末雄と桐生政次の二人が自分たちの原稿を持つて尾崎家へやつて来た。玄関にゐた泉を見たとき、徳田は金沢の高等学校の入学試験場で見た彼を思ひ出した。泉は町つ子らしい柄の着物を着て、にこにこ笑つて、先生はお出かけで留守だ、と言つた。徳田と桐生は帰つて、その翌日、原稿を郵便で紅葉の所へ送つた。折り返しその原稿が紅葉の手紙をつけて送り返されて来た。その手紙には、「柿も青いうちは鴉も突つき不申候《もうさず》」といふ文句があつた。徳田は腹を立ててその手紙を二つに引き裂いた。徳田と桐生は、第一流の出版社であつた日本橋本町通りの博文館にその原稿を持つて行つて交渉したが、原稿の採用される見込みもなく、かと言つて編輯か何かに雇つてもらへさうな見込みもなかつたので引き下つた。二人ともその頃生活に困つて、ある鉄工場で働いた。
>
> その次に二人は、死物狂ひのやうな気持で、この十月から東京専門学校の文科の

講義録風の雑誌「早稲田文学」を編輯して出してゐる大家の坪内雄蔵《ゆうぞう》を訪ねて行つた。そこは大久保の余丁町と言つて、畑ばかり続いた郊外の丘陵地帯だつた。室に通されると、紺の縞のドテラを着た痩せた坪内が、ツルの着いた煙草盆を下げて出て来た。坪内は流暢な江戸弁でたうたうと文学論を喋《しゃべ》りつづけた。徳田は耳が鳴り、舌が渇いて「すみませんが水を一杯」と言つた。夫人が襖《ふすま》のかげからコップに入れた水を持つて来た。それを飲んで徳田はやつと息をつき、原稿を出すこともできずに坪内家を辞し去つた。二人はその晩から熱を出した。この時東京では天然痘がはやつてゐたのだが、二人とも軽い天然痘にかかつたのであつた。徳田はそのあと顔に軽いアバタが出来た。（以下とくに断わらない限り傍点は引用者）

徳田末雄と桐生政次が尾崎紅葉、坪内逍遙を次々に訪ねたのは、彼らが上京した明治二十五年の春先であったのが、ここでは秋十月となっているのは、紅葉の「柿も云々……」という三下り半の文言が『日本文壇史』の著者の秋という錯覚を生んだのかもしれない。ついでにいえば、桐生の自伝には「柿も渋いうちは烏もつつき不申、赤くなれば、人間が銭を出しても、食べたがり申候」というふうに書かれているが、これも「赤くなれば」を「甘くなれば」にした方がよいかもしれない。「人間が銭を出しても」といった科白《せりふ》に紅葉の俗物性がよく出ているといえないか。さらに、ついでにいえば、二人が働いたのは鉄工場ではなく、京橋百官町にあった「百工商会」という消火器の工場で、「ロシアンランプでもって硫酸ビンを溶かす」仕事だった。

秋声年譜を見れば、五月の末か六月の初めにはすでに徳田末雄は大阪の兄を頼って下阪しているが、桐生自身の回想を見れば、彼は百工商会から三円なにがしのアルバイト料をもらった直後、「友人の徳田氏が跡に残って、どれほど難儀をするか、又どれほど淋しい思いをするかなどを、思い煩らう余裕もなく残酷にも、翌朝今度は新橋から汽車に乗って、一路矢の如く帰国してしまった」となっていることから推して、二人の東京滞在は、三月末の上京から数えてわずか二カ月足らずの短い冒険《アヴァンチュール》の旅だったわけであり、紅葉邸を二人が訪れたのは十月ではなく明治二十五年の春先のことだったと訂正さるべきだろう。

しかし、いずれにせよ、『日本文壇史――新文学の創始者たち』の巻末を、二人の冒険《アヴァンチュール》の旅が飾っているのは興味深いことだ。後年、徳田秋声は、このときの体験を青春の物語として、くり返しいくつかの作品に描いているが、それは後年の自然主義文学の旗手となった徳田秋声の文学的出発の原点となったからにほかならない。数学の不得手な徳田末雄には、重なる落第で、四高復学の途は閉されていたから、捨身の文学修業に向かう以外になかった。それにひきかえ、才気横溢する桐生政次の場合、金沢の街に流れる退嬰《たいえい》の空気をさえしばし忍ぶならば、四高にもどる道は開けていた。

退路なき徳田は大阪へと、そして猪突した桐生は挫け折れた旗をまいて、いったん棄てたはずの疎《うと》ましき郷里金沢へと、ひとまずもどることによって、二人の人生はここに大きく岐《わか》れていくことになる。

とはいえ、すでにこのとき、長兄善三郎は家をたたんで金沢を去っていたので、桐生政次の傷ついた翼を休める場所は、もと居た下宿以外にはなかった。そこで近隣の子どもたちを集めて英語、数学を教えることで下宿料と四高復学のための授業料を稼ぎださなければならない。復学がなったのは、翌明治二十六年九月のことである。

学校に通学の傍ら、子供に英語や、数学を教えて生活するということは、当時の私に取っては、実に困難なる事業であった。学校から例えば四時頃に帰って来ると、下宿に幾人かの弟子が私を待っている。これ等の弟子を教え終ると、日はとっぷり暮れている。それから夕飯を食って、明日の学科の予習などに取りかかる頃には、私はもう疲れ切っていた。

と、桐生悠々の自伝に語られているが、自伝に語られていない桐生政次の当時の意外な姿が、僚友徳田秋声の回想的作品『光を追うて』に描かれている場面から、いまわたしは目をそらすわけにはいかない。

東京で桐生と分れた徳田は大阪にいる兄をたよって落ちのびたが、一年近い大阪放浪の生活のはて、明治二十六年四月、四高へ復学を希望して金沢に舞いもどってくる。大阪にいるあいだにも、桐生との手紙の連絡があったところからすれば、二人は相語らって復学をきめたとみることができる。

帰ると早々、等は桐生のところへ駈けつけないではゐられなかつた。方嚮《ほうこう》を異にして越前堀の天井裏で別れる時、二人の友情と感激は、何か小石にでも躓《つまず》いたやうに、ちよつと頓挫を来した形であつたが、一年振りで今郷里へ帰つてみると、逢ひたいものは矢張り彼であつた。悠々も多分さうであらうと思ひ、恋人にでも逢ふやうな気持で道を急いだ。……しかし行つてみると、彼は少し失望した。といふのは等が懐しい玄関に立つてみると、主婦のお浪をばさんが、少し間をおいてから、姿を現はしたが、一年前のやうなにこやかさがなく、どこか困惑の色があり、直ぐには上れともいはずに、二三日風邪の気味で臥《ふせ》つてゐることを告げた。等が上りたさうにしてゐるので、仕方なし一旦奥へ引込んで何か私語《ささや》いてゐたが、漸《やつ》と通すことにした。

悠々の病気は嘘ではなかつた。彼は奥の間で臥つてゐたが、少し起き直つて憂鬱な表情で友人を迎へた。歯痛とみえて、頬が腫れあがつてゐたが、持前の大きい目も一層ぎよろりとしてゐた。彼はよくピンセツトでクレオソオトを齲歯《むしば》の神経に塗《なす》つてゐたものだつた。をばさんは傍で介抱してゐたが、いつもあれ程快活であつた友が、一年見ないうちに四つも五つも更《ふ》けたやうに見え、神経にも病気のせゐとばかりも思へない、とげとげしいものが感ぜられるので、等は匆々《そこそこ》に暇を告げた。

と書かれており、桐生の下宿を出た等(秋声)は兼六公園のなかをあてどもなくぶらつくのだが、そこで水野という一、二年上の友人に会って桐生の噂をあらためて耳にすることになる。

水野は歩きながら、世間の噂だと言つて、悠々とをばさんの関係を洩らした。等は謎の釈《と》けた感じだつたが、軽蔑する気にはなれなかつた。彼のやうなセンシブルな青年にあつては、それもさう不自然な運命ではなかつた。

と秋声の描いているのは、秋声の自伝的作品のほとんどがそうであるように、事実がそのまま作品のなかに引き移されているひとつの例と読んでよいように、わたしには思われる。

　物心つく前に母を失った桐生政次の青春には、母性への飢渇が空洞をつくっていたにちがいない。そして、東京への冒険の旅立ちが挫折に終り、日々の糧《かて》を自力で稼ぎださなければならない心労が加わったとき、この苦学生の心が、いつしか下宿の主婦の上に傾いていったものと、この情景は推察させる。そして、その顚末《てんまつ》については、のちにもう一度、徳田秋声の描写をかりることになるだろう。

四高復学時代の桐生悠々（手前右）

　とはいえ、四高に復学した桐生政次が生活の頽廃に沈湎《ちんめん》してしまったわけではない。四高には新鮮な知識をたくわえた何人かの若い教師がいたが、わけても心理学の狩野亨吉《かのうこうきち》、数学の北条時敬《ときよし》に学んだものが、のちの論説記者桐生悠々の特異な発想を育んだことを見逃すことはできない。そして同時に、草創期の四高につどった俊秀、山崎延吉《やまざきのぶよし》、小幡酉吉《おばたゆうきち》、小倉正恒《おぐらまさつね》、国府犀東《こくぶさいとう》、安宅弥吉《あたかやきち》、林銑十郎《はやしせんじゅうろう》、阿《あ》部《べ》信行《のぶゆき》といった同窓生が、ことあるごとに、桐生悠々の回想を彩っている。

しかし、四高復学後の桐生政次には、一年余の無駄足が、ひとつの余裕をもたらしたといえなくもない。僚友秋声より年少であったにもかかわらず老成したところのあった桐生政次は、たぶん、学資を得るためもあって、このころ旺盛な文学活動の跡を示している。秋声が復学を断念して渋谷黙庵のいる新潟に去るのと前後して、赤羽万次郎の『北国新聞』に主筆として招かれた石橋忍月が、代って桐生政次に文学修業の胸をかす人物として現われたからである。

金沢にあって石橋忍月が中央の文壇に投ずる論文のいくつかは桐生の代筆によったと回想に書いた桐生自身も、「悠々庵」の筆名で「紅花染」、「仲左」、「京人形」などという小説を『北国新聞』に連載したし、ときには「愈虐《ゆぎゃく》」と筆名をかえて文芸批評の筆もとり、「与志奈志語《よしなしがたり》」というコラムを担当してもいる。「与志奈志語」といえば、のちに『信毎』、『新愛知』にも、桐生悠々は同名のコラムを設けたことなどとも考えあわせると、四高時代の最後の二年間に、後年の新聞人桐生悠々の原型が鋳《い》られているように、わたしの目には映る。生来、せっかちである自分の性格を矯《た》める意味をこめて、「悠々」の雅号を思いついたと、彼は書いている。そこには、むこうみずな東京への出奔というあの苦い体験への反省もこめられていたにちがいない。

しかし一方、四高の校友会誌『北辰会雑誌《ほくしんかいざっし》』にも、加賀の千代《ちよ》を論じた「千代の翠《みどり》」や「社会の進歩と詩歌の発達」といった鋭い切れ味の詩論などを発表しているが、『北国新聞』紙上での活躍と相まって、それは次への飛躍の準備でもあった。依然として、中央の文壇を射程にして、桐生政次の胸には野心の炎がもえていたともいえる。

されば、明治二十八年七月、石川専門学校入学以来八年かかった四高をようやく終了したとき、学資を欠く彼に、周囲では、そのまま県庁への就職を奨めるものもあり、地方素封家への養子縁組をもたらすものもいたが、彼はいずれも謝絶して東京を目ざす。

そのとき、この苦学生に上京の旅費を捻出したのは石橋忍月であり、忍月を中心に交友のあった得能文《とくのうぶん》は芳賀矢一《はがやいち》への紹介状を、宮井安吉《みやいやすきち》は博文館の大橋乙羽《おおはしおとわ》への紹介状を、桐生政次にはなむけとした。

三

文学を志していた桐生政次が、なぜ帝大の法科に進んだのか。その背後には、同じコースをたどっていた石橋忍月の影響があったからであろう。依然として、桐生の文学志望に変りなかったことは、上京後の彼の足跡を追えば判明する。

とはいえ、苦学生であることに変りなかった桐生は、一高教授芳賀矢一を訪ねて、筆耕のようなアルバイトをもらい、博文館に大橋乙羽を訪ねて、『勤学と処世』という「日用百科全書」の一冊の編集をまかされるという具合で、生活の資を得るために働かねばならなかった。そのとき、四高時代に積み重ねていた幾つかの作品も、芳賀や大橋の力によって、陽の目をみてもいる。『北辰会雑誌』に載せた「社会の進歩と詩歌の発達」は「社会と詩歌」と改題されて博文館の『太陽』に、小説「仲左」が『文芸倶楽部』に桐生の上京後間もなく表われたのは、たぶん、大橋乙羽に認められてのことであったにちがいなく、「千代の翠」が『読売新聞』に転載されたのは、芳賀矢一の口添えがあったからであった。金沢の僚友二人が書き与えた紹介状は、苦学生桐生政次の生活を援けただけではなく、文壇の一郭に、颯爽として登場した新進作家「桐生悠々」の名をきざんでくれさえした。

気になるのは、その後の徳田末雄の消息である。秋声年譜を見れば、明治二十八年の正月、徳田は前年十一月『読売新聞』に同郷のライバル泉鏡花の「義血俠血」が連載されているのを見て、矢も楯もたまらず、越後長岡のしがない小新聞の記者生活に終止符をうって、再度上京することになった。徳田の嚢中《のうちゅう》には、渋谷黙庵が新潟県選出の小金井権三郎代議士あてに書いてくれた紹介状が入っていただけだ。小金井代議士は森鷗外の妹喜美子の義父にあたる人物だが、この小金井の紹介で、同じ新潟出身の博文館主大橋新太郎《おおはししんたろう》に面接して、ようやく博文館の校正係に採用されたのが、明治二十八年四月のことだ。徳田は、かつての旧友との再会を、次のように描いている。

大阪を彷徨《さまよ》つたり北越を放浪したり、徒《いたず》らに道草を喰つてゐるあひだに、一直線に学窓へ後戻りして行つた悠々が、或日《あるひ》突然博文館を訪ねて来たのは、少し溯《さかのぼ》つて等が編輯へ入つてから未だ間もない五月(九月の誤り——引用者)の初め頃でもあつたらうか。……兎に角ルビ振《ふり》か校正かをやつてゐた時、小僧が取次いで来たので、はつと思つて店の奥の二階にある手狭な畳敷の応接室へ行つて、久しぶりで懐かしいこの文学同志の風貌に接することが出来た。彼は予定通り順調に四高を卒《お》へて、帝大の法科へ移つて来たのだつたが、帝大生として堂々再び上京して来た歓喜《よろこび》は面に溢れてゐた。哲学者のやうに毛の抜けあがつた額《ひたい》が闊《ひろ》く、ぎろりとした目は眼鏡の奥に一層ぎろりとして、少しは更《ふ》けてもゐたが、ひどく朗らかで、叺《かます》のなかゝら刻《きざみ》煙草を摘み出して、豆煙管《きせる》で吸つてゐた。……孰《いずれ》にしても桐生は捲土重来の勢ひで、輝かしい前途が約束されてをり、高踏的な態度を持してゐたから、嘗《か》つて憧れの一つの的であつた硯友社一派は既に問題ではなかつた。

捲土重来を期して上京してきた帝大生桐生政次の姿と、その意気軒昂たる姿をまぶしげに眺めなければならなかった文学修業中の徳田末雄の姿が、博文館のうすぐらい応接室から浮かびあがってくるような場面だ。すでに同郷の泉鏡花は紅葉門下の気鋭として文壇の脚光をあびている。そしていままた桐生政次も帝大生として目の前に現われた。徳田末雄は劣等感に全身をひたさねばならなかった。

帝大生桐生政次は、泉鏡花の依頼で、鏡花の弟泉斜汀とその友人三島霜川《みしまそうせん》に英語の手ほどきをして、なにがしかの資を得ることもしていた。すでに、鏡花は桐生よりさえも一歩も二歩も先に進みでている存在といえた。ついでにいえば、この三島霜川は、のちに秋声の代表作『黴』のなかに重要人物として登場することになる深山《みやま》のモデルでもある。劣等感にさいなまれる徳田末雄が、桐生政次の新居をすぐには訪れなかった気持もその辺にあったといってよい。「大分たつてから桐生の下宿を訪ねて見た」秋声は、『光を追うて』のなかで、意外な見聞をそのまま描いている。

「君、女といふものは豪《えら》いもんだぜ。井波の小母さん、長野から此方《こっち》、野宿でやつてきたんだぜ。已も呆《あき》れてしまつてね。」

悠々は等が部屋へ入るのを見ると、いきなり感激した口調で言ふのであつた。等も桐生が世話になつてゐたあのお婆さんが、東京くんだりまで追駈けて来たのか何《ど》うと思つて吃驚《びつくり》したが、困つたことだとも思つた。桐生はこのお婆さんを一体何うするのだらうと、窃《ひそ》かに不安にも思つた。……信州や上州境の長い道中を、野宿でやつて来たお蔭で、両足がまるで溺死者のやうに太く脹《むく》みあがつてゐる井波婆さんを見た時には、恐るべき女の念力に感動するといふよりも、希望ある桐生の学生生活のために寧《むし》ろ暗い感じを与へられた。

『黴』、『仮装人物』、『縮図』、と一貫して己れの私生活を題材として小説化し、特異な客観性に支えられた自然主義的作風を完成させた徳田秋声は、彼の実人生で交わった周囲の人物をも、現実と創造世界の境界線も定かでない形で作品のなかに導き入れた。桐生悠々もまた、秋声の作品に頻出する人物の一人であり、悠々自身、「秋声はでたらめを書いて困る」と周囲にもらしていたともいう。

じっさい、たとえば泉鏡花兄弟がさまざまないやがらせをもって継母をいたたまれなくさせて家から追いだしてしまうという記述にそえて、桐生の兄弟も同様だったというようなことを、『光を追うて』に書いているが、これなども、明らかに「でたらめ」のたぐいだったといってよい。桐生の父廉平の後添いが定着しなかったのは、気の強い祖母のせいだったと伝えられている。

桐生悠々の目からみれば、秋声の描いた「井波のおばさん」の描写も「でたらめ」の一種であったかもしれない。しかし、『仮装人物』のなかで自らの私生活を、すべての虚飾をかなぐりすてて書いた秋声自身の文学的真実という同じ視線を、秋声が竹馬の友の学生時代の私生活にそそいでいるように、わたしには思われて、若き日の桐生政次と「井波のおばさん」の交情の部分を、この評伝のなかでさけて通るわけにはいかないように感じられる。そこで、秋声の作品を他の誰もがふれえなかった証言として、もう少しくわしく、その関係をみておくことにしたい。

等は井波婆さんの素性について、何一つ知るところもなかつたが、近松物《ちかまつもの》の浄瑠璃《じょうるり》の文句を知つてゐたり、江戸風の端唄《はうた》を口吟《くちずさ》みなどして、何処《どこ》か姿に灰汁《あく》ぬけのした処もあるので、其《そ》の前身が朧《おぼ》ろに想像されなくもなかつた。住居はいつも掃除が行届き、髪や衿元《えりもと》なども小綺麗に身嗜《みだしな》みの好いところを見ても、若い時分体に楽をさせて来たことも解るので、等はその住居も自分の家なら、学生相手の素人下宿といふ商売も、小金をもつたものゝ気散じであらうくらゐに思つてゐたのだつたが、事実はあの頃が彼女の行き詰りで、少しは金をかけたらしい桐生の姿を見失つてはならないのであつた。若き愛人としても、彼は悪い係蹄《わな》にかゝり、損な籤《くじ》を引いてしまつた訳だつた。

このお婆さんには、台湾で結構生活の成立つてゐる甥《おい》があり、寄つて行けば行けなくはなく、初めて等が下宿で逢つた時も、旅の疲れが癒《い》え次第、一《ひ》と先《ま》づ台湾へ旅立ちたいやうにも言つてゐたが、桐生も幼くして母に訣《わか》れ、母性の愛に渇《かわ》いてゐたところから、学資と生活費を稼がなければならない是からの日常に、遽《にわ》かに日常の伴侶《はんりょ》を失ふのも寂しかつた。結局二人は原町に一軒新築の貸家を借りることになり、そこへ移つて行つたのであつた。

秋声作品を分析した野口冨士男氏の試算によれば、桐生と「井波のおばさん」との年齢のへだたりは二十二年、したがって、桐生政次の上京が二十二歳であるから、このとき彼女は四十四歳の、当時でいえば初老に近い女性であったということになる。『光を追うて』と同じころに書かれた、より自伝的な作品『思ひ出るまゝ』のなかでも、秋声は、二人の関係に論及して次のように書いている。

氏(桐生)は年上の其の婦人から多少の援助を受けたことも確かだし、何かよく物のわかる苦労人だつたので、若気の至りで惹きつけられたものだらうが、後になつてそれが氏の生涯に禍したことも少々ではなかつた。悠々氏は夙《はや》く母に別れ、父も亦《また》十五六歳時代になくなつたので、母性の愛に飢えてゐたことも、確かにさうした運命に氏を引入れたものに違ひなかつた。若《も》しもその婦人が、今少し賢い女であつてくれたら、氏は恐らく今頃地方新聞などに蟄伏《ちつぷく》してはゐないであらう。

「若気の至りで惹きつけられたものだらうが、後になつてそれが氏の生涯に禍したことも少々ではなかつた」、「若しもその婦人が、今少し賢い女であつてくれたら、氏は恐らく今頃地方新聞などに蟄伏してはゐないであらう」と秋声はいうだけで、具体的なことにはふれていない。そして、『光を追うて』にも『思ひ出るまゝ』にも、その後、どのような形でこの不自然な同棲生活が解消されたかについても言及されていない。むろん、「思ひ出るまゝ」という秋声作品と同じ題名でのちに『他山の石』に連載した悠々の自伝的回想(『他山の石』に連載中「思ひ出る儘」となっていることもある。本書では以下「自伝」と呼ぶ)に、この婦人のことは一切触れられてはいない。

しかし秋声が、「して桐生はと言ふと、東京でのこの同棲生活が健康である筈もなく、よく齲歯《むしば》を患《わずら》つたり、感冒熱に浮されたりしてゐたものだが、遣繰《やりく》り世帯の悲しさで、時には此《こ》のお婆さんも町へ出て、質屋の暖簾《のれん》をくゞる事もあり、生活は楽ではなかつた」と書いていることからも、帝大生桐生政次の多難さの一端は推しはかることができる。自分一人の生活を支えるだけでも容易でない苦学生にとって、この年長の婦人との同棲生活を維持しながら法学部政治学科の学生たりつづけるためには、心ならずも乱作にちかい原稿を書かねばならなかったし、翻訳もせねばならなかった。

いま、悠々年譜(太田雅夫氏作成)から、帝大時代の桐生政次の著作を一覧すれば、

明治二十八年　『勤学と処世』、『文芸倶楽部』に小説「鉄窓」、『太陽』に「社会と詩歌」。

明治二十九年　『文芸倶楽部』に小説「仲左」、『太陽』『少年文集』『少年世界』な

どに雑文。『帝国文学』に「消夏雑吟」、『文芸倶楽部』に小説「断末魔」。

明治三十年　『文芸倶楽部』に「あばらや」、『帝国文学』に「筑波の短夜」、単行本『通俗法学汎論』。

明治三十一年　新体詩集『山高水長』、伝記『銭屋五兵衛』、『文芸倶楽部』に小説「あばら家」。

明治三十二年　伝記『コロンブス』。

となる。この著作リストに、わたしはひとつの無慙《むざん》さをみる。四高時代の最後の二年間のいくぶん老成したほどにみえた桐生政次の文筆活動の焦点の定まっている姿とひき比べてみれば、帝国大学生桐生政次の低迷をみてとらずにはいられない。いくつかの小説と評論は金沢時代の蓄えの切り売りであり、それをのぞけば、あとは生活費をかせぎ出すためのアルバイトにしかすぎない対象の拡散をみてとらずにはいられない。しかも、このリストには現われないが、大橋乙羽から廻される翻訳や芳賀矢一から与えられる筆耕や石橋忍月の作品の代作などをこなして、悠々は辛うじて糊口をしのがねばならなかった。いきおい、学業に遅れをとって、学費の滞りがちなのと相まって、三年の課程をここでもつい四年かけなければならなかったのであろう。

桐生政次の恵まれた才能を知る徳田末雄の目からみれば、それは才能の濫費と映じたにちがいなく、その才能のかげに、同棲する年上の女性の姿を思い浮かべずにはいられなかったものと解される。

　見かねた芳賀矢一は、この好漢のために、女医高橋瑞子《みずこ》という篤志家をさがしてきてくれた。女性として初めて医学校済生学舎《さいせいがくしゃ》に学び単身ドイツ留学をも果たしたこの女傑は、独身のゆえに、死後、墓を建ててくれさえすればよいという奇妙な条件で貧窮の帝大生に月十二円の奨学金を支給するというのであった。ひと息ついた桐生政次は、その分だけ、学業にうちこむことができた。

　彼が帝大法科に在籍したのは、明治二十八年九月から三十二年七月までの四年間、帝国憲法が発布されてまだ間もないころだった。

　自由民権の矛先をかわしつつでき上がった帝国憲法には玉虫色の部分があって、それを反映して、帝大の憲法講座にも穂積《ほづみ》憲法学と一木《いちき》憲法学の対立があった。穂積八《や》束《つか》はラバントの流れを汲む保守派であり、一木喜徳郎《きとくろう》はマイヤーの流れを汲んで、より精緻な近代的国法学を講じていた。欠席しがちな桐生政次は、穂積八束の憲法学の試験で「国務大臣の責任を論ぜよ」という問題に対して、「国務大臣は君主にのみ責任を負う」という模範解答の代りに、「国務大臣は君主に対してと同様、議会に対しても責任を負わねばならない」という一木学説を答案としたことによって、国法学を落第したことがあったと、その自伝に記している。

このエピソードは、桐生政次の落第の因をつくったにとどまるものではなく、後述するように新聞人桐生悠々の晩年の苦節につながる重要なルーツとなっていくものなのだ。穂積国法学の非科学性は、いわば天皇神権説であって、その後の国体明徴運動の砦となっていくものであったのに対し、一木国法学はその後、弟子美濃部達吉《みのべたつきち》によって天皇機関説として完成されるものであって、晩年の悠々の苦節もまた、美濃部達吉の受難と軌を一にするものだったからだ。

ともあれ、明治三十二年七月、桐生政次は二十六歳で帝大法科を卒える。二十六歳というその年齢に、苦学生の紆余曲折がにじみでているといってよかった。

第三章　記者への道

一

いま『明治事物起原』(『明治文化全集』別巻)で学士の誕生を見れば、明治十三年東京帝大から、井上哲次郎《いのうえてつじろう》以下八名の文学士が初めて送りだされている。文学士とは哲学、政治学、理財学を修めた俊秀に与えられる称号として、その将来を堅く約束されたエリートであった。明治三十二年、帝大法科を卒えた法学士は一五五名、彼らの前には即国家の頂点に通ずるエスカレーターがととのえられているはずであった。

だが、意外にもわが桐生政次の選んだポストは、大蔵省でもなければ三井・三菱でもなく、「東京府属官」という地味なものであった。何の縁故も持たぬ苦学生だったからかもしれない。後年、彼は雑誌『新声』(明治四十一年)に「属官」という短篇小説を書いている。やや粗削《あらけず》りで完成度の高いとはいえぬ作品だが、東京府の商工課に採用された己れを主人公《モデル》として、当時の役所の内側を的確に描いていて興味深いものがある。日清戦争の賠償金の流入で、企業熱があおられ、企業認可を管掌する商工課は目の回るほど忙しい。新任の法学士である主人公は精力的に仕事をさばいていくが、その有能さがあだになって上司と衝突し、わずか半年で退官することになる。「私の性分はどうしても官吏には合わなかった」と自伝は語っている。だが、単に「官吏に合わなかった」だけでなく、この最初の転身を契機として、以後四年のあいだ、めまぐるしい職業的遍歴がくり返されている。東京火災保険会社、博文館と、いずれも六カ月乃至《ないし》八カ月で辞め、突然、帝大法学部の大学院にもどったかと思えば、言文一致協会、下野《しもつけ》新聞、明義社というように、めまぐるしい転身のなかに、自らの方向性を求める青年の姿がうかがわれもするが、依然として作家生活への執着も捨てきれずにいたこともうかがわれる。年譜を見れば、明治三十四年には博文館から伝記『橋本左内』を出版し、春陽堂の『新小説』に短篇小説「野分の朝」を発表しており、明治三十七年には『新小説』にメーテルリンクの翻訳、『文芸界』に短篇小説「種族改善」、『太陽』にツルゲネフの翻訳を、さらに明治四十一年には『新小説』に短篇小説「桃の花」、『新声』に「属官」、明治四十三年にも『新小説』に「同窓」を、といった具合に、その作家活動はつづいている。

東京火災保険会社を辞めて桐生政次がころがりこんだ博文館には、当時、文筆を志す人々が綺羅星のごとく集まっていた。その『五十年史』で在籍した人々のリストを拾えば、坪谷水哉《つぼやすいさい》、岸上質軒《きしがみしっけん》、内山幻堂《うちやまげんどう》、武内桂舟《たけうちけいしゅう》、松井柏軒《まついはっけん》、広津柳浪《ひろつりゅうろう》、巌谷小波《いわやさざなみ》、高山樗牛《たかやまちょぎゅう》、田山花袋《たやまかたい》、山路愛山《やまじあいざん》、徳田秋声、鳥谷部春汀《とやべしゅんてい》、長谷川天渓《はせがわてんけい》、大町桂月《おおまちけいげつ》、国府犀東、石橋思案《いしばししあん》、田村松魚《たむらしょうぎょ》、金子筑水《かねこちくすい》、武田鶯塘《たけだおうとう》、近松秋江《ちかまつしゅうこう》、押川春浪《おしかわしゅんろう》……といった豪華な雅号が浮かんでくる。

なかでも、田山花袋は、雑誌『太平洋』の編集で桐生政次と机を並べることとなった。そのとき、彼もまた政次という本名を去って桐生悠々の雅号を定着させることになる。これからは、本書でも桐生悠々と呼ぶときがきた。さて桐生悠々は、同僚田山花袋を次のように回想している。

私は氏とその後益々親しくなり、屢々《しばしば》氏の私宅を訪問して、氏の豊富なるライブラリーから、盛《さかん》に文学書を借りて来て読んだ。モーパッサンの叢書は勿論のこと、フローベル、バルザック、ハウプトマン、ズーデルマン、メーテルリンク、ストリンドベルヒ等、等、手あたり任《ま》かせに、借りて来て、これを読んだ。花袋氏もまたこれ等の書を私に貸して読ませ、共に文学を談ずることを楽しみにしていた。氏は『太平洋』編輯の私に相棒としてはたよりなかったが、文学の友としては、実にたより多い、しかも畏敬して、益々これに師事すべき一人となった。私は氏の為に、文学上啓発されたことの如何に多かったことよ。

花袋は秋声と同年の明治四年の生まれであったから、悠々より二歳の年長ということになる。花袋が『蒲団』一作によって、自然主義文学の先端に躍りでていくには、まだ六年の時間が必要であった。悠々は博文館にも八カ月席をあたためただけで、ふたたび帝大の大学院に舞いもどることになる。理由はさまざまあったが、かつて金沢での先輩宮井安吉の紹介状で悠々の引き立て役となった大橋乙羽の急死が直接の契機だったといってよい。とはいえ、急転して大学院へ舞いもどった悠々が、「個人における権利思想の発達」を研究テーマとして、かの穂積陳重《ほづみのぶしげ》を指導教官としたところが、またわたしには興味深いことに思われる。それはいかにも唐突な転身と映ずるが、田山ライブラリーをあさって、西欧の文学作品を素材としてこのテーマにとりくもうとしたのだと説明されれば、悠々の主知主義的立場が貫かれていることがわかる。「個人における権利思想の発達」というテーマについて、悠々は次のようにその意図を語っている。

「我」を「個人我」と「社会我」とに分ち、「個人我」の発展が利慾となり、放恣《ほうし》となるに反して、「社会我」の発展が一方に於て倫理的観念となると共に、他方に於て権利思想、即ち法律的観念となるだろうから、この順序と方法とを研究し、果してそれが真理でありや否やを見ようとしたのであった。

「個人我」の追求を僚友徳田秋声の進むべき道にたとえるならば、「社会我」の追求こそ己れの本領であると、悠々は心ひそかに思ったのではあるまいか。そのとき、おのずとこれから己れの進むべき道が姿を現わしてきた。後年の自由主義者桐生悠々の言論の原点がここに定まったともいえる。

大学時代同様、大学院の一年も売文をもって生活を維持しなければならなかったが、その一年が終るころ、指導教官の穂積陳重に新たな就職の相談にいった悠々は、その希望を問われるや、「言下」に「新聞記者」だと答えたという。いささか長い精神の彷徨《ほうこう》の果てに、悠々は自らの歩むべき正道の入口にようやく到達したというべきだが、帝大教授穂積陳重は、わが桐生悠々には導師たるの適切を欠いたというべきかもしれない。穂積が悠々に紹介したのは東京日日新聞に関係をもつ「古河の一番頭」稲田周《いなだしゅう》之助《のすけ》であり、稲田の周旋で悠々が下野新聞に赴くくだりは、悠々自身に語らせてみよう。

稲田氏を訪問すると、尚宵のうちだったが門がしまっていた。そこで、門際の潜《くぐり》戸《ど》から入って、台所に行き、案内を乞うと、女中が出て来た。これに博士の紹介状を渡すと、今度は正門がぎっと開かれて、迎え入れられた。私は今更ながら穂積博士の勢力の大なることに驚かされた。

座敷に通されて、しばらく待つと稲田氏が現われて、……失礼したと言い、……田舎の新聞から主筆の招聘《しょうへい》をたのまれている。そこへ行ったらばどうか。その新聞というのは下野新聞である。この新聞は従来影山禎太郎《かげやまていたろう》という人が個人的に経営していたのだが、今度は実業家の手に移ったのだ。これへ行って見る気はないか、都会の新聞で働くよりも、田舎の新聞で働くのが余程おもしろい。尾崎行雄《おざきゆきお》氏なども曽ては新潟の新聞で大に気焔をあげていたものだと言い、これに付加えて月給は安い、六拾円位しか出さないが、本を買う金位は稲田氏自身が出してもよいから、是非そこへ行けとのことであった。

当時私は新聞に関しては、何の知識をも持っていなかった。まして我国に於ける現在の新聞が何人によって表面経営され、そして裏面にはどんな勢力がこれに働きかけているかなどは、少しも知らなかった。だから、私は稲田氏の言うが儘《まま》に、これを快諾した。

二

桐生悠々が、下野新聞主筆として宇都宮にくだったのは、明治三十五年(一九〇二)、二十九歳の秋のことである。運命の皮肉といおうか、かつて赤羽万次郎が足利新報に迎えられたのは田中正造の懇請にもとづくものであったのに対し、桐生悠々の場合はその田中正造が不倶戴天《ふぐたいてん》の敵とした古河銅山の〝番頭〟稲田周之助の推挙によって、そのころ「実業家」の手に移ったばかりの、題字上に「中正不偏」と刷りこんだ下野新聞に招かれたのだった。

周知のように、その政治的生命を渡良瀬流域の鉱毒反対に賭けた田中正造は、明治三十四年十二月十日、衆議院議員の地位を擲《なげう》って天皇に直訴するという行動に出て、世間に大きな衝撃を与えた。少なくとも、東京と現地渡良瀬の流域には、騒然たる気運がかもされているとき、古河の御用紙の主筆に悠々が迎えられた裏には、帝大教授穂積陳重―稲田周之助の連係プレーがあり、悠々の「当時私は新聞に関しては、何の知識をも持っていなかった。……裏面にどんな勢力がこれに働きかけているかなどは、少しも知らなかった」、その認識の浅さがあったことは否定できない。その苦い経験を顧みながら、晩年の悠々は、次のように回想している。

> 古河の一番頭だったという稲田氏が是非下野新聞に行けと、殆ど懇請的に私に勧めた事情は、後に至って知ることを得たけれども、何も知らなかった当時の私は、彼のいうがままに、これを快諾したのであった。だが、私は幸にして同新聞在勤中には、彼の為に、即ち古河家の為に利用されなかった。利用される機会が発生しなかったのは何よりの事であった。

わたしは悠々の筆戦の跡をたどって、「明治新聞雑誌文庫」に所蔵されている当時の『下野新聞』をマイクロフィルムで見る機会があったが、その保存状態は不十分なもので、悠々在任半年の間、わずかに二十日分が保存されているにすぎず、到底その筆政をうかがうすべもなかったから、その下野時代は悠々自身の回想のみに頼らねばならない。栃木県の政情に無智な悠々の論説は読者の迎えるところとならず、ストリンドベルヒの「父」の翻訳連載も下野の文化状況からは全く浮いたものでしかなかったのは、当然なことであったろう。宇都宮中学校の校長であった旧知の笹川臨風《ささかわりんぷう》を校長室に訪ねて文学を語るのと、オーストリア学派のベーム・バヴェルクの“*Positive*

宮*Theory of Capital*”の翻訳にうちこむことが、わずかな慰めであったという宇都宮時代は、地方紙主筆としては落第だったといわざるをえない。しかし、このときの経験がそれから八年後の信毎では生かされて、別人のごとき颯爽たる主筆桐生悠々をつくりあげたという点では、貴重な体験であったとみることもできる。

右も左もわからない宇都宮への赴任を、悠々が〝快諾〟した背後には、もうひとつの動機が熟していたかもしれないと、わたしは想像する。すでに秋声の作品を通じて馴染みとなっている「井波のおばさん」の存在を思い浮かべるからである。二十二歳も年上の女性との同棲生活は、母の味を知らぬ若き日の悠々には必要だったとはいえ、永続させるにはあまりに不自然な要素をもっていたからである。二人の生活に終止符をうたねばならぬ何らかの契機が求められてもいたであろう。宇都宮への赴任は、そのひとつの機会であった。二人のあいだの関係が、どのような形で解決をみたのかを知る手がかりは、どこにも残されてはいないが、「井波のおばさん」の晩年の生活に、悠々の所得から何がしかが割《さ》かれて送りつづけられていたという推測は、不自然なものではない。それが、悠々のなしうる唯一の解決策だったといえるかもしれない。

僚友徳田秋声の作品のいくつかに、悠々の翳《かげ》のごとく姿をみせていた「井波のおばさん」は、いつしか退場していくのだが、それから二十数年の時間をおき、したがって彼女は七十歳をこえた老婆として、突然、短篇「余震の一夜」にふたたびその素顔を現わして、わたしをおどろかす。

大正十二年(一九二三)九月一日の関東大震災を逃れて金沢にもどっていた秋声は、ある日突然彼女の訪問を受けるくだりを、「余震の一夜」に次のように描いている。

この秋には彼女も長く住みなれた東京を引揚げて、田舎へ帰らうとしてゐたほどで、死に近づきつつある身世《しんせい》の寂寞を感じてゐた。地震はただそれを早めたに過ぎないのであつた。彼女は半夜を大宮で、野天で明かした。そして死物狂ひになつて、しかし老人の特権を可也我武者羅《かなりがむしゃら》に主張して、威張りくさつて、人を押退《おしの》け押退けして遣《や》つて来た。

かつて「井波のおばさん」であった彼女は、ここでは「井村のお婆さん」と名を変えられているが、明らかに同じモデルであることは、次のような記述からもうなずける。

東京では二人で酸苦を嘗めた。そしてそれが竹内(悠々)が世のなかへ出て、結婚するやうになつてから、彼の家庭と社会生活とに、思ひも及ばない負担と障碍《しょうがい》となつて現在の生活にまで祟《たた》ることになつたのであつた。——地方にゐる竹内とは別々に、東京で侘《わび》しくつづましやかに暮してゐる彼女は、もう七十を三つも越してゐて、邪慢《じゃまん》の角は好い加減折れてゐたけれど、刺《いら》はまだ全く取れてゐなかつた。——孤独な井村のお婆さんは、長いあひだ東京で貧しい間借生活をしてゐて、寂しいをりには、時々私のところへやつて来てゐた。

秋声作品に、この婦人は「井波のおばさん」「井村のお婆さん」あるいは「お浪さん」と三様に書きわけられているが、秋声は平気で作品に実名を登場させてはばからぬところがあったので、わたしはかつて金沢におもむいた折、市内の電話帳を繰ってみたことがある。おどろいたことに、「井波」あるいは「井村」という姓が金沢にはじつに多いことを発見して、逆にわたしは、関東大震災のときすでに七十三歳となっていた身寄りのない老婆の「余震後」の運命を追ってみることを断念した。この小伝でも、そろそろ、「井波のおばさん」と別れねばならぬときが来たようだ。

宇都宮に単身赴任した悠々は、その年も押し迫った明治三十五年十二月二十六日、同じ金沢の旧藩士藤江成三郎の長女寿々《すず》を妻として迎え、新しい生活の出発点とした。寿々は明治二十年の生まれ、悠々とは十四歳もへだたる小娘であった。雪は多くてもその雪の下にぬくもりをたたえた北陸金沢の生活に比べ、朔風《さくふう》が砂をまきあげて吹きすさぶ北関東宇都宮の生活は、十六歳の寿々には、まるで別世界のおもむきがあった。宇都宮という町にはなぜか按摩《あんま》が多く、ピーッと鳴る笛の音が夜の町に流れ、夫の帰りを待つ寿々の全身をかぎりない寂しさで包んだ。悠々に連れられて、一度だけ日光の東照宮にお参りしたことがあったが、引いた御神籤《おみくじ》に「人生は重荷を背負って山へ登るようなもの」と書かれていたのを、寿々は生涯忘れることができなかった。じっさい、この無冠の帝王の妃となった小娘の後半生には、峨々《がが》たる山径がいつ終るともなくつづくことになったからである。

三

宇都宮の下野新聞主筆の生活もまた、そう長くはつづかない。悠々の、例の〝半年病〟がそろそろと頭をもたげてきたからである。文化果つる感のあった当時の宇都宮にあって、東京は「恋人のようになつかしい」街に思われていたその矢先、社長影山禎太郎から何の理由も示されぬまま月給半減を言い渡されたとき、この初任地をさっさと引き揚げることに何の躊躇もいらなかった。新婚わずか三カ月にしかならぬ十六歳の寿々は、無冠の太夫の妻たることの不安定さを思い知るとともに、以後幾度びとなく、同じような経験を積み重ねることとなる。

当の無冠の太夫はといえば、今後の生活に何の展望もあるわけではなく、学生時代からの細々とした売文生活に逆戻りするだけなのだ。以前から原稿を売っていた雑誌『明義』の主宰者滝本誠一《たきもとせいいち》が見かねて、悠々の恩師穂積八束の憲法講義の代講を『明義』誌上に周旋してくれたのを契機に、悠々はその雑誌の編集に加わることとなった。

この雑誌の経済的パトロンは侯爵蜂須賀茂韶《はちすかもちあき》であり、思想的後援者が穂積八束らであることからもわかるように、雑誌『明義』は明治三十年代にようやく芽生えてきた社会主義の潮流に対して体制の擁護を主張するために創られたようなところがあった。その発刊の趣意書には、次のようにうたわれている。

国体ハ主権ノ所在ニ由《よ》リテ定マリ、政体ハ政治ノ形式ニ於テ分カル。若《も》シ之ヲ混同シテ単ニ其《そ》ノ立憲ノ制ニ則《のっと》ルガ為ニ疑ヲ主権ノ所在ニ懐クガ如キコトアラムカ、実ニ我建国ノ基礎ヲ危クスルノ虞《おそれ》ナシトセズ。万世一系ノ　皇位ハ国家主権ノ存スル所ニシテ統治ノ中枢タルコト我千古ノ国体タリ。憲法ヲ以テ統治機関ノ権限ヲ分割シ国民ヲシテ大政ヲ翼賛スルノ光栄ト自由トヲ享有セシムルハ亦《また》立憲ノ美制タリ。両ニ併《たがい》ヒ存シテ相侵サズ、然《しか》レドモ民衆ガ新ニ参政ノ自由ニ浴スルニ当リテハ急激ナル政論ノ為ニ或《あるい》ハ逸シテ中正ヲ失フニ至ラムトス。吾人ハ国体ト政体トノ分界ヲ正シ政権運用ノ為ニ千古ノ国体ヲ動揺スルコトナク参政自治ノ自由ノ為ニ国家公同ノ目的ヲ忘ルルコトナク本末ノ間儼然《げんぜん》トシテ紊《みだ》ルベカラザルノ大義ヲ明白ニセムコトヲ期ス。

創刊号の目次に並んだ穂積八束、清浦奎吾《きようらけいご》、井上哲次郎、戸水寛人《とみずひろんど》らの執筆陣を見れば、これら東京帝大に実力をたくわえた旧守派の牙城として、この雑誌が出されていたことがわかる。とはいえ、桐生悠々が穂積八束の憲法講話の誌上代講をひきうけ、のちには若き法学士河上肇《かわかみはじめ》がそれをひきついでいるところに、未分化の時代の混沌があったともいえる。雑誌『明義』の実際の主宰者滝本誠一は、三田出身の経済学者でもありオーギュスト・コントの祖述者として知られる社会学者でもあって、豊かな洋書を蔵していた。悠々は書いている。

私が西洋のコンテンポラリーな文学の知識を持ち得たとするならば、それは田山花袋のライブラリーに負うところ多く、又西洋のコンテンポラリーな社会科学の知識を持ち得たとするならば、それは滝本誠一氏のライブラリーに負うところ多しといわねばならない。

それまでの悠々の知識はどちらかといえば文学的な傾斜をもっていた。大学院の研究テーマにしてからが、すでに触れたような西欧の文学を素材としたようなものであった。四高時代から秋声のことばをかりれば「高踏的な態度」を持していた悠々には、日本の現実を直視する社会科学の眼は十分育まれていたとはいいがたい。鉱毒問題に揺れる栃木県下の、それも古河財閥の息のかかった地方新聞に何の知識もなく赴任したことなどにも、それはよく示されている。やや醒めた目で明治三十年代の現実をみれば、何としても、現実を受けとめるだけの社会科学的な方法を自らのなかに確立しなければならぬ必要に悠々は迫られていたともいえる。滝本ライブラリーは、その意味で悠々の研究室として機能した。後年、とりわけ『他山の石』で悠々は多くの洋書を紹介する仕事にとりくんでいるが、その素地は、『明義』の時代に身につけたものにちがいない。

滝本は、しきりにオーギュスト・コントを奨めたが、悠々はウィリアム・マロックの「アリストクラシー」に関する著作から多くを学び、それによって「私の社会主義に関する意見は少なからず修正された」と回想している。後年、とくに昭和初期、ふたたび信濃毎日新聞の主筆に返り咲いたころその論説のかなりの部分をマルクシズム批判に費やし、いくぶんそれは古めかしい筆致のゆえに読者から迎えられること少ない結果に終ったが、マルクシズム批判の柱に進化論と心理学を援用していることから、逆にウィリアム・マロックの著作内容を推し測ることができる。

私にアリストクラットの気分があるならば、それはこの時に養成されたものであろう。

私は社会主義者であるけれども、徹底的の社会主義者ではなく、マルキストのいうところ「社会改良家」位の範疇に属するものであり、又私は民主主義者であるけれども、それも徹底的の民主主義者ではなく、言いかえれば、アメリカ風のそれではなくて、イギリス風のそれであり、貴族的民主主義者である。だから組織よりも人を重しとするものである。こうした中途半端な気分は、私が「明義」に関係していたときに培われたものであろう。

悠々のこの自己総括のごときことばは、彼の死の二年前、昭和十四年(一九三九)に書かれたものだ。大正デモクラシーのなかで時代の子のごとく活躍し、大恐慌を背景とした昭和初期の左翼批判から一転して軍部への痛烈な攻撃を開始するというように、悠々の筆鋒は二転三転したかにみえたが、「支那事変」が泥沼の観を呈し、ヨーロッパに第二次大戦の火蓋がきって落されたそのとき、悠々の自己の思想の再点検の結果は、意外にも明治三十年代の雑誌『明義』の編集者時代に培われて血肉化した思考の座標軸が微動だもせずに定まっていたことを示している。自由主義者桐生悠々の思考の骨格が形成されたという意味で、『明義』の時代の研鑽は、その生涯において、重要な意味をもっている。

この思考の骨格の形成を待っていたかのように、悠々の前に、本格的な記者の門がその扉を開くことになるのであった。

ある日、穂積陳重を訪ねていくと、かつて下野新聞の主筆を周旋して思わしくない結果を招いたことにいくらかの悔いを抱いていたからでもあろうか、穂積は、悠々に一木喜徳郎のもとに行ってみるようにと奨めた。一木教授のところに、大阪毎日から記者を募っているので人材を斡旋してほしいとの依頼のあったことを、穂積陳重は耳にしていたからだ。早速、一木喜徳郎のもとに出向いていくと、教授は即座に悠々の口頭試問を行った。「社会主義について考えをのべよ」「政党について、イギリス流の政党とアメリカ風の政党といずれを選ぶべきや」この二つの試問に悠々は無難に答えて、大阪毎日学芸部員の採用試験に合格したのだと、その自伝に語っている。第一問の社会主義について彼は「人は生れながらにして平等ではない。事実がこれに反している。だが、感情が人を支配する部分は広くして、且つ強い。だから、理論や、事実の上では、社会主義は成立たないが、感情の上では成立って、しかもその勢力は極めて強い」と答えたとも語っている。一木教授がウィリアム・マロックの原書に目を通していたかどうかはわからぬが、滝本ライブラリーでの研鑽が、一木の目にかなったとでもいうべきであろう。

四

大阪毎日が学芸部を新設したひとつの理由は、そこで将来の論説記者を養成するにあった。したがって悠々は「地方支局に配属され、まず警察回りから」、というい わゆる記者の常道を歩むことなしに、“*Nineteenth Century*”“*Contemporary Review*”

“*San Francisco Chronicle*”“*North China Daily News*”といった新着の雑誌や新聞に目を通すだけという〝優雅〟な閑職におかれた。そこで、「悠々たるかな学芸部、閑々たるかな部員、学芸部の新設何等のオーソリティに値するものぞ」といった匿名批評が編集局の会議で披露されるような一幕もあった。要するに、大阪毎日における三年余、桐生悠々は悠々として為すところなかった。とはいえ、新着の『十九世紀』誌や『サンフランシスコ・クロニクル』紙を読んで世界政治の動向を読みとる技術は、それから三十年後、個人雑誌『他山の石』の誌上で、昭和の軍部の戦争政策の愚を、海外の情報を精力的に紹介することによって批判しつづける作業において、みごと結実したという意味で見落すことができない重要な事実だ。

社長原敬が去ったあと、大毎社長は小松原英太郎《こまつばらえいたろう》が引きつぎ、社会部長菊池《きくち》幽芳《ゆうほう》を始めとして論客は多かったが、社内は雑然として乱雑と無統制と放縦とがデモクラティックの名のもとに同居していたから、折角、学芸部を新設してすぐれた論説記者を養成しようという意図は多とするとしても、その理想が実現する風土ではなかった。悠々もまた大毎の論説記者たりえなかったとはいえ、大毎学芸部は三十年後に、この国が誇りうる稀有な論説記者桐生悠々を個人雑誌『他山の石』で実現させたという栄誉をもちえたことが銘記されなければなるまい。

悠々の自伝を通読しながら、不思議に思うことのひとつは、大毎時代三年余(明治三十六年十月〜四十年三月)がちょうど日露戦争の時期と重なるにもかかわらず、まるで戦争などどこにあったかと思われるほどそれに無関心な態度をとっていることだ。ついでにいえば、四高の最後の一年と帝大最初の一年が日清戦争と重なっているのだが、悠々の書きのこした小説やエッセーにも日清戦争の硝煙の匂いは全く感じられない。徳田秋声のいう悠々の「高踏的態度」というのも、この辺にあったといってよいかもしれない。

そして、野口冨士男氏が『徳田秋声伝』のなかで、秋声の名作『黴』の分析を行っているひと齣《こま》が思いあわされてくる。『黴』の時代的背景はちょうど日露戦争のころだ。秋声はその時期を『思ひ出るまゝ』のなかで「我々作家――特に其の頃の私程度の新進級の作家が非常な生活の不安に陥つたのは、恐らく日露戦争の続いた相当長い期間であつたらう」と回想しているが、『黴』の主人公笹村は作者秋声がほとんどそのまま投影された人物像と考えてよい。そして、重要な役割を演ずる深山という人物は文壇の奇人といわれた三島霜川と想定してよい。そして、『黴』のなかの次の叙述が問題となるところだ。

下宿へ帰ると、笹村は或《ある》雑誌から頼まれた戦争小説などに筆を染めてゐた。その雑誌には深山も関係してゐた。笹村は深山の心持で、自分の方へ出向いて来たその記者から、時々深山のことを洩《もれ》聞いた。筆を執つてゐる笹村は、時々自分の前途を悲観した。——

「君は観戦記者として、軍艦に乗るつて話だが、然《そ》うかね。」

谷中の友人が或日、笹村の顔を見ると訊出《ききだ》した。

「けど、それは子供のない時のことだよ。危険がないと言つたつて、何しろ実戦だからね。」

友人は然う言つて笹村の意志を翻さうとした。そんな仕事の不似合なことは、笹村にもよく解つてゐた。

ここでやや長い引用になるが、野口氏のコメントを見ることにしよう。

私(野口氏)は前に谷中に居住する「俳友B—」を桐生悠々だと推定したが、ここでふたたび悠々の評伝『ペンは死なず』をみると、明治三十六年大阪毎日に入社した彼は「三年後に大阪朝日に転じ」ていて、この時には東京にいなかった。したがって、この場合の「谷中の友人」は「俳友B―」と別人でなくてはならぬ筈だし、昭和十二年九月の「月刊文章」に執筆された随筆『戦争と文学』をみると、「私は子供が産れて間もないことだつたが、何《ど》うせ小説など売れさうもないから、従軍した方がいゝと思ひ、その気持になつてゐたが、亡友三島霜川氏が極力止めたし、健康にも自信がもてなかつたので、思ひ止まつた。」と書かれている。すなわち、笹村に戦争小説の執筆を依頼したのは深山だし、秋声の従軍を諫止《かんし》したのは霜川なのだが、作品の進行上この時にはまだ笹村と深山の往来は取戻されていないことになっているので、便宜上、秋声は複数であるものを単数であるかのように執筆したのだと解釈すべきだろう。すくなくとも、この場合の「谷中の友人」と前の谷中に住む「俳友B―」とを同一人物だとみなせば、前に笹村と深山との不和の間に入ったのは当の深山のモデル三島霜川自身だという奇妙なことになってしまうのだ。(傍点原文)

と『徳田秋声伝』の著者野口冨士男氏は当惑げに立ちどまっておられる。だが、わたしは野口氏の最初の推定通り「谷中の友人」と「谷中に住む俳友B―」は同一人物であり、それは桐生悠々をモデルとしたものと思わずにはいられない。日露戦争当時たしかに桐生は大阪に、徳田は東京に、とかけへだたっていたとしても、手紙のやりとりで悠々は秋声を諫止したかもしれぬし、どちらかが東京なり大阪なりに出向く機会がなかったとはいえない。およそ社会通念としての家庭人とは大きくはずれていた三島霜川が右のような諫止をするはずはなかったのだが、昭和十二年九月『月刊文章』のエッセーで三島霜川の名を出しているのは、秋声の悠々への配慮だったとわたしはみたい。すでに「日支事変」は始まり、孤立無援のなかで個人雑誌『他山の石』を出しつづけ、戦争政策の非を極度の検閲と闘いながら説きつづけていた桐生悠々の困難な現状を、『他山の石』の読者として徳田秋声は十二分に知っていたはずだし、秋声自身の最後の長篇『縮図』もそれから四年後、「時局にふさわしからざる内容」として内閣情報局の干渉によって発禁処分を受ける運命にあった以上、たとえ遠い昔の日露戦争のときのこととはいえ、従軍記者になることに桐生悠々が反対したことなどを書けば、悠々の身にどんな禍いが及ぶかもしれないことを考慮して、いまは故人となっている三島霜川の名を借りたのではあるまいかと、わたしは想像するのだ。

さて、もう一度日露の戦役にもどるならば、かつて博文館の『太平洋』編集部で席を並べた同僚の田山花袋は「露骨なる描写」という宣言的評論を『太陽』に発表した直後、第二軍の「私設写真班」の一員として遼陽に向かった。もし悠々が、田山花袋から従軍記者たるべきや否やの相談を受けていたとしたら、悠々は花袋の従軍に反対はしなかったのではなかろうか。悠々は文学者としての田山花袋の目を信じていたはずだからである。

果たして田山花袋は、文学史にのこる戦争ルポルタージュ『第二軍従征日記』のほか、戦場の凄絶《せいぜつ》を描いて屹立した短篇「一兵卒」に、その体験を晶華してみせてくれた。『重右衛門の最後』によって文壇に現われた花袋には、日露の役への従軍は彼の文学方法の必然をもった行為であった。それにひきかえ、秋声の従軍志望は、はるかに曖昧なものであることを、「谷中の友人」悠々は見ぬいていた。花袋の「一兵卒」にくらべれば、秋声の「召集令」や「人か鬼か」などの日露戦争に材をとった作品はその足もとにも及ばぬものであったことからも、「谷中の友人」のアドヴァイスは適切なものだったといってよい。

悠々はといえば、大毎学芸部にあって、大毎が目と鼻の先にある大阪朝日と戦争報道の速報合戦をするのを、いささか斜《はす》にかまえて悠然と眺めていたおもむきがある。自伝によれば、『サンフランシスコ・クロニクル』に載ったロシア全権ウィッテの「樺太の半分は割いたが、償金はビタ一文とられはしなかった」とポーツマス会議直後に豪語した記者会見の記事を翻訳して、わずかに憂さを晴らしたにすぎなかった。

大毎の三年余は、「半年病患者」の悠々には、いくぶん長すぎたともいえる。その後、彼は大毎で重用されぬことも手伝って生活は荒《すさ》み、ついには目と鼻の先にある大阪朝日へと鞍替えする。そして、東京朝日のなかにおかれた大阪朝日通信部詰めという肩書で、なじみきれなかった約五年の大阪生活に終止符をうって、東京に舞いもどってくることになるのであった。

五

ここで、その間の悠々年譜を見ておくと、大阪毎日に着任した明治三十六年(一九〇三)十月、悠々は『法制一夕話』を出版している。三十七年には『新小説』にメーテルリンクの翻訳「痴情」、『文芸界』に小説「種族改善」、『太陽』にツルゲネフの翻訳「配所の月」、一年おいて明治三十九年にはマックス・ノルダウ『現代文明の批評』を翻訳刊行、さらに東京朝日に転じた明治四十一年『新小説』に小説「桃の花」、『新声』に小説「属官」、明治四十三年『新小説』に小説「同窓」を発表している。

この年譜からもわかるように、大阪毎日、大阪朝日、そしてついには念願の東京朝日に転進してきたというのに、悠々はなお小説の執筆に執着しているようだ。もっと

『大阪朝日』時代の悠々

も、夏目漱石が東京帝大英文科教授を辞し東京朝日に席をおいて小説に専心し、ロシア語の堪能な二葉亭四迷も東京朝日におり、校正部の末席に詩人石川啄木がいたというような当時の風潮を思えば、記者と文筆家、あるいは記者と作家が未分化な状態にあったといいうるし、ひとり悠々が例外的存在であったとはいえない。しかし、悠々の場合、どこかに「記者」一途《いちず》、ないし「作家」一途といった思い込む姿がうかがえない。学生時代の多方面の関心、小説はその多方面の関心のごく一部でしかないようなディレッタンティズムが感じられてならないのだ。

たしかに、小説についていえば、学生時代のやや高踏的なストーリー・テリングとは異なって、作品には社会的な視野が導入されてきてはいるが、それがときに〝社会正義〟と紙一重の視線となって作品の深化を妨げている。それまで、作品のなかに自己を投影させることを拒み、自己告白をきらってきたかにみえる悠々が、「桃の花」「属官」「同窓」という、彼の小説の最後の三作では、いずれも作者と近似の人物を主人公とし、作者自身の体験と重なりあうような情景を作品のなかに全面的に導入してきている。明治文学史が、硯友社一派の技巧的華麗さから、自然主義へとその潮流を変えていることが、悠々の作品にも微妙な影響となって現われているといってよい。

この三つの作品のなかでは、「桃の花」が注目してよい作品だ。

主人公の「自分」は学生の身分だが、体調をこわして下宿住いができず、小石川原町の田圃に建つ貸家を借りて手伝いの婆様と住んでいる。長屋風の隣家には巡査一家が住んでいる。「自分」は幼いとき母を失って以来、「継母」ときくと異常な心理反応を起こすのだが、隣家の妻君は後妻らしく、継子をはげしく虐待するのが壁ひとつへだてて耳に入り、そのたびに胸しめつけられる思いがする。隣りの庭先に咲く桃の花までがうとましいものにさえ思われてくる。妻君の継子いじめは夫が帰ってくるとぴたりと止むのに腹をたてた「自分」は手伝いの婆様がもたらす情報を法界節《ほうかいぶし》にもりこみ、酒の勢いをかりて、隣りの夫婦に聞こえよがしにある夜がなりたてたりもする。そのうち、桃の花も散り始めたころから子どもの姿が戸外に見えなくなった。婆様に探らせると、子どもは重いレウマチにかかって寝ているらしいというのだが、やがてある日、隣家に人の出入りがはげしく、ついには僧侶の読経が聞こえてきたとき、主人公の「自分」は、子どもが死んでしまったことを知った。法界節をがなりたてたりした手前もあって、くやみに行くのもはばかられ、さんざん思いあぐねた末、「自分」は、ハガキに「眠れ眠れ　世は冬枯の風早し」の一句をしたためて、壁ひとつへだてた隣りに郵便でくやみを送った、というところで、「桃の花」は終っている。

そこには、幼くして実母を失った悠々の、人生に対する悲しみと、いためつけられている継子への同情と継母への憤《いきどお》ろしさとが重なりあって、よくその心象が彫りあげられている。ストーリーの展開にも不自然なところはなく、描写よりも説明が先行する癖も抑えられ、得意の俳句が短篇の最後をよくしめくくっている。悠々がのこした十指にあまる短篇小説のなかで、わたしはこれを最もかう。

だが、気になるのは、ここに登場する「雇の婆様」という人物の存在だ。すでにみたように、これは秋声がいくつかの作品に書きのこした「井波のおばさん」「井村のお婆さん」にあたる人物に相違なく、幼くして母を失った悠々の「母性の愛に渇いてゐた」ことが二人の同棲の主な要因であったという秋声の説明をそこに重ねあわせてみると、隣りの巡査一家にだけ「主人公」の心象を托して描き、「雇の婆様」と「自分」の問題が無造作に作品の外に放置されていることが気になってくる。最後の三作

「桃の花」「属官」「同窓」がいずれも、自己の投影された主人公を描きながら、主人公の内面の世界を描ききれなかったところに、小説世界への悠々の断念があったといってよいだろう。

悠々は、自然主義の小説には批判的であった。彼は、僚友徳田秋声の作風に代表されるような「自己加罰的」な、あるいは花袋の『蒲団』にみられる「自己告白的」な、藤村《とうそん》の『新生』における「自己暴露的」な、いわゆる自然主義的方法を肯定しがたい、文学に対するある理想主義的な考え方を抱いていたとみてよい。だが、硯友社派の衰退と入れかわるようにしてまき起こってきた自然主義の勃興する明治末年の文学潮流のなかでは、悠々の抱くような理想主義を小説世界に定着させることは困難なことでもあったろう。

総じて、日本の近代文学のなかに流れる私小説的な高湿度のなかでは、自己の内面に向かう文体がより多く求められたが、悠々の知的関心は広く、文体もまた外向的なものだったといってよい。内田魯庵《うちだろあん》のアドヴァイスの内容がどのようなものであったかはわからぬが、悠々に小説を断念させたのが、悠々と同じように評論に、翻訳に、創作に多方面の活躍を示してきた魯庵であったということは興味深い。昭和四年(一九二九)の夏、内田魯庵の訃音に接して、故人をしのびながら悠々は『信濃毎日』に書いている。

氏の訃に接して想い出されるのは……今後小説などには、絶対に筆を着けてはならないと、厳重に、氏が私を誡《いまし》めてくれたことである。で、私はこの忠告を容れて、その後は、漸次小説に筆を絶つようになった。氏の忠言はまことに尊かった。

悠々にアドヴァイスをした内田魯庵自身、それから間もなく、ペン一本のなりわいを棄てて丸善の番頭に転じたが、『丸善外史』(一九六九年刊)に木村毅《き》が、魯庵を次のように評している。

> 権力には近づかなかった魯庵だが、文壇の先輩同輩とは、ひろく交友があって、二葉亭とは爾汝《じじょ》のあいだがらであり、逍遙鷗外は尊敬し、紅葉露伴ともしたしく、一方で羯南《かつなん》、雪嶺《せつれい》、蘇峰《そほう》、三山《さんざん》とつながって、文学とジャーナリズムの分水嶺に立つような地位にいた。

文学とジャーナリズムの分水嶺で、悠々は魯庵と出会い、文学の渓にではなく、ジャーナリズムの沢に導かれた一人であったといってよい。『丸善外史』が登場したついでに、外史をさらに補足しておくならば、後にもふれるが、名古屋に在住する桐生悠々は、名古屋丸善において、名古屋帝大や八高の教授を抜いて最も多く洋書を購入する顧客だったという伝説がのこっている。

さて、「大阪通信部の一員」という肩書付きではあったにせよ、念願の『東京朝日』入りを果たした桐生悠々は、そこで、当代の名だたるジャーナリスト群像に出会うことになる。

大阪朝日には、鳥居素川《そせん》、西村天囚《てんしゅう》という大スターが二つの覇権をきそっていたのに対し、東京朝日には主筆に池辺三山が君臨し、社会部長に渋川玄耳《しぶかわげんじ》、昼の編集局をとりしきる整理部長に佐藤真一《しんいち》、夜の整理部長が弓削田精一《ゆげたせいいち》、そのもとに、杉村楚人《そじん》冠《かん》、鈴木文治《ぶんじ》、松崎天民《てんみん》、中野正剛《せいごう》、美土路昌一《みどろますいち》、安藤正純《まさずみ》といった若い錚々《そうそう》たる論客がデモクラティックな社風を形づくっており、半井桃水《なからいとうすい》は社会部に席がありながら社に顔を出したこともなく、ロシア語に精通する社会部在籍の記者だった長谷川二葉亭や大庭柯公《おおばかこう》からロシア語の手ほどきをうけてゴーリキーを読めるまでになったなどと、後年悠々は東朝時代を楽しげに回想している。たしかに、それは、日露戦争後の商業紙朝日の飛躍するよき時代の物語であり、大毎、大朝、東朝と、当時のジャーナリズムの表街道を歩んだ悠々は、仕事らしい仕事をしなかったとはいえ、そこで得た体験は、論説記者たるべき貴重な修業の時間を与えられた幸運児だったといえなくはない。

わけても、東朝主筆池辺三山を目《ま》のあたりに見ての教訓は、反面教師として、その後の悠々が肝に銘じたところであった。「池辺三山氏は社外で想像されていたように、社内では勢力がなかった」と悠々は書いている。事情通の仲間の噂では、「彼は近頃借家を建てた」とか「彼の宅の電話抜書表を見ると、そのうちに桂《かつら》公の宅の電話番号が書いてある」というような悪評が重なった。じっさい、主筆池辺三山の威令は部下に徹底していないのを何回となく目にする機会があった。

私はこうした事実を通して、普通の記者ならばとにかく、論説記者たるものは、決して官権や、金権に近づいてはならないという教訓を得た。池辺氏には無論こうした事実はなかったろう。だが、私は私自身に主観的に、このように観察して、そして又主観的にこうした教訓を得たとしている。

私はその後、この教訓を守った為に、私生活に於てどれだけ不利益だったか知れないが、新聞記者としては有意義に生活して来たつもりである。

と悠々が書いたのは、十一人の子どもをかかえて、個人雑誌『他山の石』を出すことで糊口をしのいでいた晩年のことである。

「大阪通信部員」という肩書が、東朝のなかで、悠々をアウトサイダーにしたことは事実だ。気負って書いた記事を「ボツ」にされた腹癒せに社会部長渋川玄耳の硯箱を、酒に酔ったいきおいをかりて叩き割るというハプニングが、逆に渋川をして悠々を認めさせた。翌朝、出社して無礼をわびた悠々に、渋川玄耳は、「書きたいものを書いてみよ」とすすめてくれさえしたというのだ。よき時代の、よき記者気質というべきではないか。

意気に感じた悠々が、「べらんめえ」という匿名時評を連載したのは、硯箱事件がきっかけだったというのだ。

こう、政治、政治ってソンナに政治を振廻すなよ。胆魂《きもったま》の小《ちい》せえ奴は可哀相に目をまわして了《しま》うぜ。俺だって今じゃ旧弊の江戸っ子じゃねえや。斯《こ》う見えても夫《それ》相応の学問はして居るし、西洋の書籍《ほん》も少《ちっ》とやそこいらは窺《のぞい》て見たもんだが、人間て奴の拵《こしら》えたものに碌《ろく》なものはねえよ。嘘で固めたものばかりだ。其中《そのうち》でも政治と云う奴が一番嘘を吐きあがるから癪《しゃく》じゃねえか。嘘と思うなら耳の垢をほじって少しは俺の説教を聞きねえ。

「べらんめえ」は、こんな書き出しで始まる。開き直ったような、威勢のいい江戸弁がまず大向うをうならせる効果となった。じつは下敷にマックス・ノルダウの文明批評があったのだが、読者は威勢のよい江戸弁に幻惑されて気づくものはなく、あるときは政治を論じあるときは犯罪やスポーツを論じ、またあるときは国際問題や「二十世紀の疲労」の問題を扱うこの匿名批評家に喝采を送った。朝日の社内でさえも、しばらくのあいだ「べらんめえ」は花形記者杉村楚人冠か鈴木文治の筆になるものにちがいないと思われていたほどだ。

論説記者桐生悠々にとって、「べらんめえ」は処女作だったといえる。高校以来、悠々は小説に評論に伝記にと、食うために多くの筆をとってきたが、そう大きな反響をよぶものはなかった。皮肉にもいま、食うためというよりも、記者としての自己表現をめざして匿名で書いたこの文章に大きな反響のあったことが、悠々にはこそばゆいものに思われもしたであろう。だが、「べらんめえ」には、悠々の長い半生が蓄えた文章力が最も活力ある形で結晶していた。多角的な関心、外に向く正義感、歯切れよいセンテンス、そしてたしかな感受性に裏うちされた批評眼、それらはすべて新しい時代の新聞論説になくてはならぬ文体を形づくっていたといってよい。古風で独善的な政論新聞の時代はすでに日露戦役の彼方に退き、新聞は新たな客観報道を主軸とした商業主義の時代へと大きく変りつつあるときではなかったか。そのとき、悠々のやや長すぎたかにみえた記者修業の時間に蓄積されたものが、ようやく結実するときを迎えたのだといえよう。

東朝に「べらんめえ」の悠々ありと、玄人《くろうと》筋に注目された証しのように、悠々に対して信濃毎日主筆招聘の話がもちあがった。その点では、何らウォーミングアップなしに下野新聞におもむいた十年前とは、事情は大きくちがっていた。

東朝社内で悠々の直接の上司は大朝通信部長の土屋大夢《つちやたいむ》であった。朝日の主催する世界周遊の旅の引率者となった土屋は、同行した信毎社長小坂順造《こさかじゅんぞう》から、新しい信毎主筆の斡旋をたのまれたとき、躊躇することなく、部下の桐生を推した。東朝社内における大朝通信部は所詮〝外様〟でしかなく、土屋自身、おのが立場に見きりをつけていたほどであったから。だが、推された桐生には大いに躊躇があった。「当時私がこの招聘に応じなかったならば、そして依然として、朝日に止まっていたならば、新聞記者としての私の経歴は別に、そして終始一貫的に展開されて、晩年には、かくも苦しまなかったであろう」というつぶやきをのこしたほど、悠々はためらった。そしてこのとき、桐生悠々が大朝日に踏みとどまる安全な道をえらんでいたならば、このわたしもまた、桐生悠々の伝記作者になぞならなくてすんだろう。

だが、悠々はより困難な道をえらんで、わたしの郷里信州に赴任して来た。そして、その自伝に晩年の昭和十四年(一九三九)次のように書いている。

信州は言論の国であった。信州人は人の知る如く理智に富んだ、極めて聡明な民だから、この民の棲んでいる信州が言論の国であるに不思議はない。従って信州は私たち言論者即ち論説記者に取っては、殆ど理想的の国であった。私はここに「あった」と言って「ある」とは言わない。そしてそう言われ得なくなったことを悲しむもの、然り衷心より悲しむものである。これは私が筆を進めるに従って、自然判明して来る。

わたしが桐生悠々の伝記作者をかってでるのも、悠々のこの苦しげなことばをひとつのモチーフとしている。

ともあれ、桐生悠々は、明治四十三年(一九一〇)九月二十二日、その颯爽《さっそう》とした姿を、『信濃毎日』紙上に現わすことになる。

第四章　「陋習打破論」前後

一

思えば、明治二十五年の春浅い日、僚友徳田末雄と金沢を出奔した折、草鞋《わらじば》きの桐生青年は、この信濃路を歩いたはずだ。だが、あのときは善光寺に詣でる余裕などもなく、荒くれ男たちがツルハシをふるって碓氷に二十六のトンネルを鑿《うが》っているのを横目に、夢中で東京目ざしてかけ抜けたにすぎない。信州といわれても、悠々に何の知識もなかった。今度は、十年前の下野新聞の轍《てつ》を踏むようなことがあってはならない。十分なリサーチが必要だ。

悠々の生まれた石川県加賀の国は、戦国以来前田利家《としいえ》の領するところ、徳川三百年を通じて百万石の大国であった。それにひきかえ、この新任の地は、戦国謙信《けんしん》、信玄《しんげん》の相剋以来〝無政の郷〟の観があり、南に伊那、木曽、諏訪、松本の盆地があり、北に善光寺、上田、佐久などの盆地があって、互いに山に囲まれて小藩が分立し、江戸三百年およそ気宇壮大と無縁の風土が培われてきた。

その結果はどうだ、ことあるごとに分県運動やら県庁移転騒動やらで、県会は流血の乱闘で全国にその名を知られた。郡と郡とのあいだにもいがみあいが絶えず、そのくせ、不思議なことに教育の熱心なところだという。

年表をくってみれば、これから赴任しようとする信濃毎日新聞は、何と、悠々と同い年ではないか。悠々が明治六年五月の生まれであれば、『信毎』は同七月の創刊だ。しかも奇しき縁というべきか、悠々が初めて新聞とかかわったあの北陸新報の主筆赤羽万次郎が一年席をあたためたその同じ椅子ではないか。以来、信毎の主筆には林包明《はやしかねあき》、小出収《こいでおさむ》、山路愛山、佐藤桜哉《おうさい》、川崎紫山《しざん》、宮島玖川、大原里靖といった名だたる主筆が筆政をはった。

わけても、愛山・山路弥吉《やきち》の筆政（明治三十二年四月〜三十七年一月）は、茅原華山《かやはらかざん》の『長野新聞』、久津見蕨村《くつみけっそん》の『長野日日新聞』などとの激闘をへて、『信毎』を信州の代表紙におしあげただけでなく、日本の代表的地方紙におしあげて十分な功績を示した。この不死身のごとき怪男児は日々の社説はむろんのこと、信州にうもれた史実の発掘を精力的に行い、あわせて伊達騒動記、高山彦九郎《たかやまひこくろう》伝、大塩平八郎《おおしおへいはちろう》伝など反官的な独特の史眼によって水準以上の連載をつねにつづけるかと思えば、『レ・ミゼラブル』の翻案小説などもこなして、県民に絶大な刺戟を与えた。刺戟は記者にまで及んで、彼らもきそって力のこもった探訪記事を寄せたから、愛山時代の『信毎』は特異な紙面の香りをかもした。なかでも、束松露香記者の〈俳諧寺一茶〉は漂泊の詩人一茶を、通俗詩人から芭蕉、蕪村《ぶそん》と並ぶ存在に引きあげる役割をさえ果たした。

だが、主筆愛山の奔放な筆政にもアキレスの腱があって、記者たちの百花繚乱をよく束《つか》ねる能力に欠けた。それはそうだろう、信毎主筆のかたわら、愛山は東京で主宰する雑誌『独立評論』の経営にも応分のエネルギーをさかなければならなかったのだから。社長小坂善之助《ぜんのすけ》が愛山の紹介者徳富蘇峰《とくとみ》に、愛山への不満をもらすと、蘇峰は「山路でいけないなら、この徳富をおつれになる他ありますまい」と半ば独り言のようにつぶやいたと、信毎百年史に語り伝えられている。

愛山が去ったあと、おのずと信毎の紙面から潮がひくように精彩が失われていったのは、愛山の力量をあらためて思わせるものであった。発行部数三千〜六千を低迷していた小新聞は、愛山の筆政とあいまって日露戦争の明治三十七年にはじつに一万八千部へと飛躍したというのに、ふたたび不気味な下降線をたどらねばならなかった。先代小坂善之助から社長のバトンを受けた小坂順造が、新しい時代に適応する新しいタイプの主筆を求めていたのもその辺にあった。新しい〝筆戦場〟として不足はないではないか。桐生悠々のなかに、信濃毎日新聞の主筆として赴いてみよう、という気持が動いたのは、若い社長小坂順造の熱烈で爽やかな懇請があったことが大きく働いてもいた。昂《たか》ぶる心を抑えながら、しかしおのずと肩に力を入れて、悠々は東京を発つ前夜、初めて「入社の辞」なる小文を書きあげたが、それはまるで速球投手の剛球のおもむきがにじみでた。

入社の辞

文明の主義は一変せり。現在主義を放れて、未来主義に移れり。現在の向上を以て諸般の社会的制度を律せんとする主義は最早《もはや》時代後れとなりて、来るべき未来世代の発達を理想とする主義こそ、即ち現に来りつつある第二十世紀を支配する唯一の思潮たるらめ。故《ゆえ》に英国功利学派の主張は勿論、其《その》観念を取りて直ちに祖国の財政に応用せんとしたる伊国シロリアの経済思想も、物質的なる精神を以て独逸《ドイツ》現代の歴史を説明せんとせるカール・マルクス一派の所謂《いわゆる》講壇社会主義も、天馬空を往くが如き超人間的の思想を以て、過去数千年来の旧慣習を破壊せんと企てたる極端なるニーチェの個人主義も、最早来りつつある現世紀の文明を解釈するの価値なし。

単独なる細胞には、何が故に自然の死なるはなくして、進化したる生物又は動物には、何が故に自然の死なるものあるか。然《しか》り人類は何が故に死せざるべからざるか。且つ夫《か》れ《そ》各種動物の平均寿命は、何が故に現今の如く爾《しか》く長短の区別あるか。馬の三歳は血気横溢せる馬の時代なるに人類は何が故に三歳にして漸《ようや》く蹣跚《まんさん》として歩行し得るに過ぎざるか。余は今入社の時に際して、ここに其の詳項を語るの時なきを憾《うらみ》とす。然れども此《かく》の如きの差異は畢竟《ひっきょう》是れ種族の必要に基くものにして、青年及び子孫の教養に至大の関係あるものなることは、ワイズマン以降に於ける進化論の証し得て明なる所なり。所謂現在の向上を主眼とせずして、未来の向上を予期する自然法の一発現に外ならざるなり。

政治は無論政治屋の政治にもあらねば、政府の政治にもあらず、又地方自治団体当局者の政治にもあらず、国民の政治なり、地方人民の政治なり。黄粱《こうりょう》の一夢位と観じ去るべき短生涯なる個人の政治にあらずして未来の数世代に亙って継続すべき団体の政治なり。経済も然り、倫理、道徳、文芸皆然らざるはなし。世に評論なるものの必要なくんば則ち止む。若《も》し其必要ありとせば、吾人は実に此《この》意を体して筆を執らざるべからず。是れ吾人の義務にして又権利なり。此の如くにして余は喜んで論壇に立たんのみ。入社に際し一般論を述べて其辞に代う。

二

入社の辞は、明治四十三年九月二十二日の着任の日の信毎紙上を飾った。この論説に見出しをつけるならば、「未来主義の提唱」とでもしたらよいか。内容は抽象的だが、たとえば若き啄木がローマ字日記をつけながら時代閉塞の現状を嘆いていたことなどと考えあわせれば、宮下太吉《みやしたたきち》や新村忠雄《にいむらただお》兄弟の逮捕など大逆事件に大きな衝撃を受けていた長野県下の読者に、それは一まつの光明を与えたかもしれない。

泰西思潮の変化から説き起こし、マルクス、ニーチェ、ワイズマンにまで説き及んで、この「入社の辞」は、新しく登場するエースの球種の豊かさの一端を読者にチラリと示すものだったが、じっさい、それから始まった悠々の論説活動の守備範囲の広さは、山路愛山を上回るもの、というよりも、新しい時代をきり開く主筆像がそこに示されていたといってよいだろう。政治、経済、法律、文芸、文明批評、自然科学、教育と、この新任の主筆の筆にかなわぬテーマは見あたらぬほどだともいってよい。悠々の前半生の無駄道、道草とみえたものが、すべて、その論説活動のなかで、生きた姿をとって立ち現われる。

博文館時代に花袋ライブラリーでトルストイを読み漁った体験が、トルストイの訃に接するや「杜伯竟《トはくつい》に逝《ゆ》く」の社説となり、東京火災保険のサラリーマン体験が「改正商法と重役の責任」を書かせ、南北正閏《なんぼくせいじゅん》論争に卓見を披瀝できたのは、穂積、一木博士らの国法学を身につけていた結果でもあった。

悠々の社説は一回で終らず、上中下と三回にわたることもあれば、五回六回と連載されることも稀ではないが、「犯罪と社会」「新思想と旧思想」といった連載社説の背景には、滝本誠一や内田魯庵のライブラリーでたくわえた知識が役立っていることがわかる。

あるいはまた行き詰った日英関税交渉を展望する技術やアメリカ大統領選を占う技術は、大毎時代に英字紙誌に親しんだことから可能となったものにちがいなく、隣接する中国大陸に起こった「支那革命の趨勢」を詳報して精彩を放ったのは、東朝時代に親しんだ朝日の友人らの援助によるものでもあった。というふうに、悠々のこれまでの無駄足のすべてが、じつは信毎主筆たるための、それにターゲットをおいた修練であったとさえ思われてくるような紙上の活躍ぶりだ。「水を得た魚」とは、まさにこのときの悠々のために用意されていたような形容詞だったといってさしつかえない。

いま主筆なる文字を『広辞苑』にもとめると、「新聞社・雑誌社などで、記者の首位にあって主要なる記事・論説などを担当するもの」とあって、今日では主筆なる語は論説記者とも異なってほぼ死語となっているようでもあるが、悠々着任後の信毎のバックナンバーをめくっていくと、主筆の機能の大きさが、おのずとわかってくる。主筆とは、交響楽団の指揮者のごとく、その指揮棒《タクト》によって新聞紙面の隅々にまで主筆の呼吸がふきかけられるとでもいったらよいだろうか。悠々の着任によって紙面全体が俄然ひきしまって、精彩をおびてきていることが感じられる。着任と同時に設けられたコラム「二三子《にさんし》」欄は、社説にもりこめぬ問題を寸評として引きうける。

明治四十三年といえば、その年の五月、信州明科《あかしな》製材所の工員宮下太吉の検挙によって大逆事件が発生していたが、事柄の性質上、その報道は禁じられていた。着任翌々日の一面に「京都で社会主義者狩」なる記事がのったのにかこつけて、「二三子」欄は、

社会主義を蛇のように心得ているのは桂内閣の口伝的政策だ。否《いな》桂内閣というよりも山県《やまがた》系統内閣と云った方がよい。社会主義というものの正体と其利害如何の問題は別にしてだ。近世の思潮は社会主義でなければ説明の出来ぬ点が多いて。社会主義は現に各国の政治経済道徳に体現しているではないか。此事実を知らな

いで無闇《むやみ》に之を抑圧しようとすると、何時《いつ》かは堤防が切れて大水害を被《かぶ》るのは見てきたようなものだ。

と、報道管制まで敷いて大逆事件をつくりあげようとしている桂内閣に警告を忘れぬのだが、それがまた次の緊張をよぶ。

新聞の記事について警察部長から直接に注意したいことがあるから九日午前十時出頭しろと云う書面が来たので何の事かと警察部に出頭して見ると、幸徳秋水《こうとくしゅうすい》の公判を新聞に書いてはならぬと云うことだ。何の事だい馬鹿々々しい。現内閣はソンナに社会主義が恐ろしいのか。多寡《たか》が知れた一幸徳秋水の為に態々《わざわざ》地方の新聞にまで手を入れようとする狼狽《うろた》え方は余所《よそ》の見る目も可愛相な位だ。哀願を容《い》れて公判の記事は書かぬとしようが、扨《さ》て戸は立てられぬ世上の口じゃわい。

二三子は後の世の物語もと思ってここに大書して置く。明治四十三年十一月九日、社会主義者幸徳秋水等の予審決定す、内閣狼狽して常識を失う。

記事にはできぬから、せめてコラムで、というのが悠々の遊撃戦法であった。当局との緊張関係は紙面の緊張となって、それがそのまま読者に伝わるという仕組みだ。「二三子」とはべつに、やがてまもなく、「べらんめえ」欄という、読者との交流をかねた独特のスペースが設けられた。「べらんめえ」とは、いうまでもなく『東京朝日』の紙上で悠々の文名を揚げたあの同じ欄だ。そこで彼は、歯切れのよい江戸っ子弁で信州の読者に語りかけるとともに、主筆にあてた読者の投稿でこの欄を塡《う》めることもあった。

こんど来た悠々とか申す筆豆の男、来る早々県下の教育や県政に難クセをつけやがる。長野県のような議論好き、イヤサ屁理屈好きの土地にこんな議論好きの男が来ては、いよいよもって議論好きになるから困ったものだわい。

こんな読者の悪態も平気で掲げられたが、それは要するに主筆にあてた読者の恋文のようなもので、新任主筆と読者の意気はピッタリ合った。

信州は言論の国、文字通りの言論国であったから、新聞の主筆は無論のこと、全体としての新聞記者は頻繁に、青年会の需《もとめ》に応じて、講演に出かけねばならなかった。山路愛山氏や、茅原華山氏は雄弁家だったから、これには得意だったろうけれども、生来口訥《とつ》にして語ることを好まなかった私には……それは一の大なる困難事業だった。

と、彼は後年回想している。主筆生活の繁忙をぬって講演に行くのであったから、その草稿が翌日の社説欄を塡めるならわしともなった。悠々の社説を追読してみると、着任二週間にもならぬうちに、悠々は戸倉青年団に招かれて講演に出かけていったことがわかる。そこで彼が見たものは何だったか。

それは実に愉快だった。……思うことを自由に喋舌《しゃべ》り得た気分が面白かったのである。何ぜなら、当時の信州青年は知事などの訓示的演説を聞くと「何だ、官僚が」と言って、これに何等の敬意を払わなかったにも拘らず、新聞記者の講演には敬意を払って傾聴したからである。

いつの世も、青年と結びつくことは強い。新任の主筆の頭には赴任にあたって信州に関する一夜漬けの知識がわずかばかり入っているだけであったから、直接信州の農山村の若者と接して受ける刺戟は強烈だった。新たな発見がいたるところにころがっていることを知った悠々は、自らの訥弁《とつべん》をかえりみず、青年会から声をかけられると、すすんで各地に出かけていくことにした。社説の材料は、どこにでもころがっているではないか。悠々の筆は徐々に県内の諸問題に向けられてゆき、着任二カ月目に入ると、二回に一回は県内問題にふりあてられるほどになり、おのずと悠々好みの高踏的なテーマは少なくなっていった。現実との触れあいが、彼の筆法の変革をもうみだしていったといってよい。

じっさい、信州という未知の言論の風土に来て、悠々の持てる知識は読者へ強烈な印象を与えた。その印象が読者にはね返って、ふたたび悠々に返ってくるとき、書き手である悠々にはたしかな手応えとなって響いた。書き手と受け手との緊密な関係、論説記者悠々の心の昂まりが紙面から伝わってくるような気がしてきさえする。

地方に出かけていって、悠々が閉口することがひとつあった。講演会のあとの講師慰労会だ。

この慰労会は名を講師の慰労会に借りて、青年自身の慰労を行う会だった。だから、彼等は大に飲む。大に飲んで、講師に献酬《けんしゅう》する。彼等は代る代る講師の前に来て、盃をさして返盃を請求する。油断をしていると、その盃が、満々と酒をたたえた盃が、その盃で所狭くなった膳を越えて畳の上にまでも陳列される。悉《ことごと》くこれを飲もうものなら昏倒《こんとう》せざるを得ない。私もその頃に相応の飲手ではあったけれども、これ等多数青年の圧倒的なる襲撃には敗北せざるを得なかった。だから、今日はいけないと思ったときは、薬壜に茶を入れて、薬のように見せかけ、これを私の傍に置いて、少しく健康を害しているからと言って、漸くこれを撃退したのであった。

じっさい、悠々は着任早々、毎日欠かすことなく社説を書き、コラムを塡め、投書を選び、紙面の隅々にまで気をくばり、ときには県内各地の講演に招かれて飲まされても、なお、ノルウェーの作家ビョルンソンの翻案小説「憧憬《あこがれ》」の連載まで強行している。「べらんめえ」欄に読者が「こんど来た悠々とか申す筆豆の男」とヤジをとばすゆえんであった。着任三カ月、悠々は無我夢中で書き、しゃべり、かつ飲んだ観があったが、これで倒れぬ方が不思議だ。十二月に入って突然首に激痛が走って、悠々は日赤病院にかつぎこまれたが、ベッドのなかからさえ、病床日記を紙面にのせている。

夏目漱石君は僕が此頃入院したと聞いて、早速電報を以て病気を見舞ってくれた。又此男の几帳面の事ったらない。義理の堅い事ったらない。其処《そこ》で、僕も早速電報を以て其見舞を謝した上で、

リュマチスで首の廻らぬ師走哉

と云う俳句を送ってやった。大方今頃は此電報を受取って破顔一笑していることだろう。

かくて、年末には、悠々は心ならずも、療養と休養を兼ねて、家族ともども志賀高原のふところ深い山の温泉で雪に閉ざされたまま年の瀬をこすことになる。忙中の閑、久方ぶりに句作にもどる余裕を見いだした。

是非なしや　娑婆の節季を　冬籠《ふゆごもり》

頰髯《ほおひげ》を　剪《つ》み落しけり　冬籠

三

新しい年は、僚友徳田秋声の連載小説「罪と心」を巻頭に掲げてのスタートであったが、「小説に記載されたる物語は人びと好みて読むなれども、ために道義を乱すもの甚だ多し、また新聞に掲ぐる物語の如きも大抵わいせつに陥り淫奔《いんぽん》に流れるものにして、その影響の及ぶところ男女の心を低下し、道徳の改進を妨ぐるもの殊に大なり」というような社説がかつて掲げられていたようなお堅い『信毎』に、本格的な新聞小説が載ったのは、秋声の「罪と心」をもって嚆矢《こうし》とした。新しい時代に即応しようとする姿勢が、そこにも感じられた。

これも、年末年始の優雅な温泉生活からえた着想にちがいないが、一月三十日の一面に〈温泉競争〉という社告が掲げられ、二名の記者が南北信にわかれて信州の温泉めぐりをし、一定期間内にどちらがより多くの温泉をめぐるかに懸賞がかけられている。二月一日の社説は「往け両選手！」という奇抜なものであり、翌日から紙面には両選手の温泉めぐりの報告記事が派手に掲げられることとなる。いわば「ディスカヴァ・信州」といったところだが、南北信の対立をこのような企画で解消しようという意図に加えて、南信に基盤の弱い信毎の拡張政策が秘められていたとすれば「こんど来た悠々とか申す筆豆の男」はいよいよもって端倪《たんげい》すべからざる主筆といわねばならなかった。

〈温泉競争〉の企画が当るや、次は桃の花咲く春の季節、東松露香、飯田《いいだ》牛阿弥《ぎゅうあみ》の二記者が起用され、自転車による〈信州札所三三ヶ寺〉早廻り競争が企画され、これも東松、飯田両記者の名文が読者の心を大いに躍らせた。信州の山間僻地においては、自転車が人工衛星ほどに珍しがられた古きよき時代の苦心の企画であった。

悠々はその営業政策を、後年自伝のなかで次のように回顧している。

私は大毎、大朝を経て、今この信濃毎日に来たのだ。そして営業政策に巧なる大毎を経たということを、ここに特筆して置かねばならない。何ぜなら、私は大毎に於て見聞した営業政策を二三信濃毎日に応用したからである。――私は信濃毎日に於て、何ぜ私自身の職域を乗り越えて、営業の職域にまで入ったかというに、当時の同新聞が余りにおとなし過ぎ、上品過ぎていたからである。従って発行部数も極めて少なかった。発行部数の少いのは、営業部に属しない記者に取っては、張合いのないものである。だから、私は勢い記者の領土を越境せざるを得なかったのである。

当時にあっては、新聞紙の拡張は概ね押売であった――。

信濃毎日当時の営業部は坐して買いに来るものを待っていた。そんな意気地のないことで、どうなるものかと、私は始終営業部を鞭撻《べんたつ》し激励した。

その結果、私は上品だった信濃毎日を俗化せしめた。その罪は同紙の持主と江湖とに対して大に謝せねばならないが、この罪は同紙の読者増加によって、また優に償い得たと私は今も尚信じている。


別図からもわかるように、明治三十七年山路愛山の去った『信毎』は、日露戦役という絶好の成長与件を生かすことができず、二万部のカベで低迷していたが、悠々着任の明治四十三年、落ちこんでいた部数をもち直し、二年目の明治四十四年には部数は俄然増勢に転じ、信毎創立四十周年にあたる明治四十五年には、あの愛山すらものぞみえなかった二万部のカベを軽くこえ、二万六千部という最高の数字を記録している。一万六千の新聞を、わずか二年たらずで二万六千にした悠々は、いまや自他ともに認める無冠の帝王であった。

無冠の帝王がその周囲にまいた、いくつかのエピソードをここに拾っておこう。

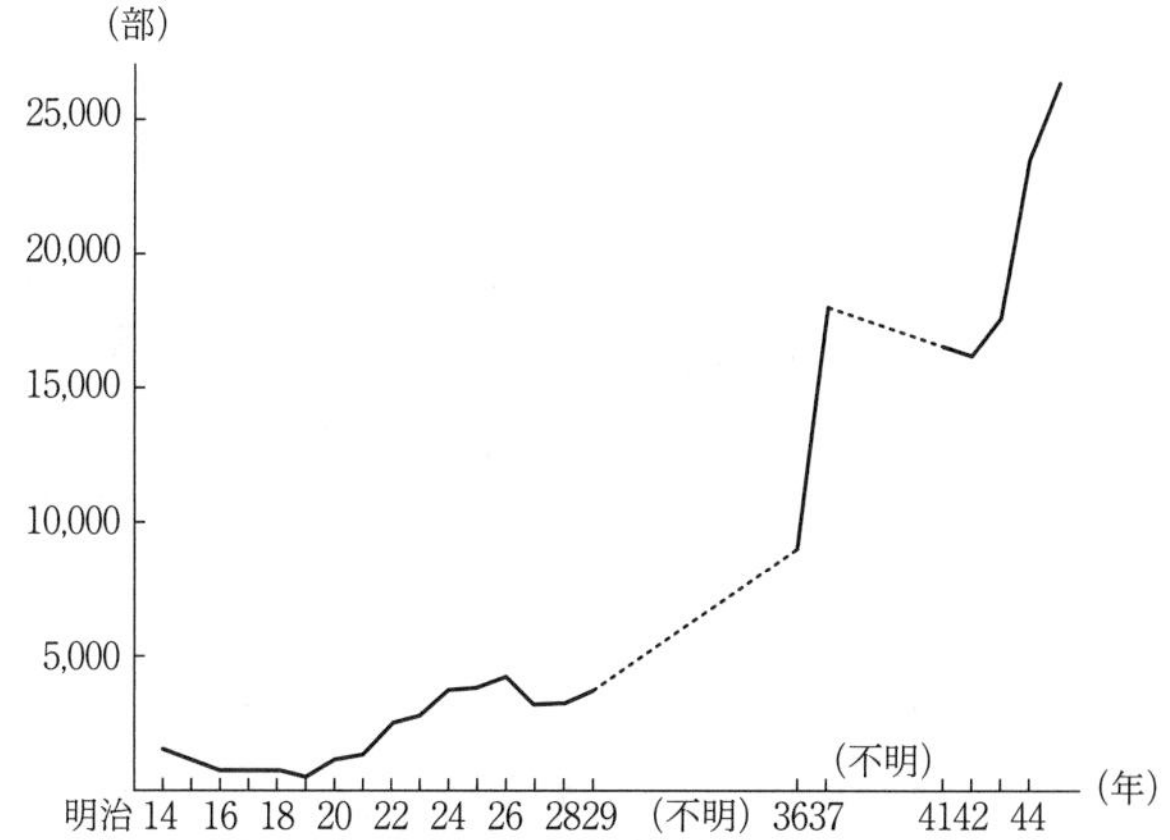

『信濃毎日新聞』発行部数の足どり(明治時代)
(『百年の歩み —— 信濃毎日新聞』より)

長野師範学校は、教育県信州の最高学府であった。ある夜寮の塀をのりこえて遊廓に通うものが発覚し、生徒間に処分を校長に迫る動きが起こった。このとき、信毎社説は、なにも処分などと形式的なことをせず、「唯鉄拳制裁あるのみ」と説いて、読者の度肝《どぎも》をぬいてみせた。一見暴論ときこえても、よく考えてみれば、人間の情理に通じたアドヴァイスであった。

「県会一昨日」なる県政欄で、悠々は県会議員の言動に直言を加えた。池辺三山のひそみにならって地元の政官財界の人々との交際をさけていた悠々は、ある酒席で花岡次郎なる県参事会員から盃をもらって挨拶された。花岡が信毎社長の義兄たることを知らない悠々は、「県会一昨日」で花岡の言動に直言を加えたことを思い出しておどろいた。

袁世凱《えんせいがい》の航空顧問なるふれこみで現われた都築某なる飛行家にのせられて、この飛行家の航空ショウを信毎が後援することになった。城山公園に観客を集めて都築某は玩具のような飛行機を操縦しようとしたが、数十メートル滑走しただけでついに飛上がらなかった。観客のなかから、「イヨー、自動車ご苦労さま」と嘲笑がとんだときには、無冠の帝王桐生悠々も形なしだった。これが、飛行機に対する悠々の病みつきの初めだが、それから二十三年後の昭和八年(一九三三)悠々は「関東防空大演習」というもうひとつの飛行機事件に筆禍をおかすめぐりあわせとなる。無冠の帝王に、飛行機は鬼門の方向にあるものというべきだった。

さて、明治四十五年の夏、これも悠々のアイデアが生かされて、〈浦塩避暑旅行〉なる企画が紙面に発表され、悠々はウラジオ観光団の団長として日本海を渡った。二葉亭四迷直伝のロシア語が、この短い旅にどれだけ生かされたかはわからないが、同行のなかには県学務課長佐藤寅太郎《さとうとらたろう》なども含まれていて、それは楽しい旅だったにちがいない。だが、この旅のあいだに、祖国日本には重大な事件がもちあがった。七月三十日、明治天皇の死によって、この国は「諒闇《りょうあん》」(天子の死による喪)におおわれ、したがってまた「浦塩避暑旅行」も最後の予定をはしおって急遽帰国の途につかねばならぬこととなった。

四

明治天皇の不例《ふれい》(病状)が新聞に発表されたのは、明治四十五年七月二十日のことであった。侍医頭岡玄卿《おかげんきょう》の診断によれば、天皇の容態は「十九日午後ヨリ御精神少シク恍惚《こうこつ》ノ御状態ニテ御脳症アラセラレ、同日夕刻ヨリ突然御発熱、御体温四十度五分ニ昇騰《しょうとう》、御脈百四御呼吸三十八回」というものであった。天皇不例のニュースはこの日号外で報道され、全国に大きな衝撃をよんだ。東京ではたまたま両国の川開きの日であったが、隅田川の打上げ花火は警視総監の指示で中止され東京の株式市場は急落した。その夜、夏目漱石は日記に次のように記している。

晩天子重患の号外を手にす。尿毒症の由《よし》にて昏睡状態の旨報ぜらる。川開きの催し差留られたり。天子未だ崩ぜず川開きを禁ずるの必要なし。細民是《これ》が為に困るもの多からん。当局者の没常識驚くべし。演劇其他《その》の興業もの停止とか停止せぬとかにて騒ぐ有様也。天子の病は万民の同情に価す。然《しか》れども万民の営業直接天子の病気に害を与へざる限りは進行して然るべし。当局之に対して干渉がましき事をなすべきにあらず。もし夫《それ》臣民衷心《ちゅうしん》より遠慮の意あらば営業を勝手に停止するも随意たるは論を待たず。然らずして当局の権を恐れ、野次馬の高声を恐れて、当然の営業を休むとせば表向は如何《いか》にも皇室に対して礼篤く情深きに似たれども其実は皇室を恨んで不平を内に蓄ふるに異らず。

しかし、漱石のこの憂いをよそに、天皇不例のニュースは、多くの日本人から理性を剝ぎとる効果をもって全国に伝わっていった。七月二十五日、七月二十八日、内務大臣原敬の日記には、その模様が映しだされている。

拝診の報告は其都度宮城前に張出し、又二重橋内の電灯は点火する事となせりと宮相云へり。宮城前二重橋前等は御平癒を禱願《とうがん》する人民群をなしたるに因《よ》る——読売新聞号外にて陛下の御身代りに自殺を企てたるものある事を流布せしに付、安楽(警視総監)に申含め、各新聞社に注意せしめて如此事《かくのごときこと》の伝播《でんぱ》して名聞の為めに種々の企をなすが如き者を生ぜざる様注意せり。

明治四十五年夏の日本の新聞を読みなおしてみると、ひとり内務大臣に注意をうながされた『読売新聞』に限らず、新聞という新聞は、誰よりもまず理性的でなければならぬはずなのに、誰よりも先に理性を失ってしまった存在のように、わたしの目には映る。連日、一面には天皇の病状を中心とした記事がセンセーショナルに並ぶ。何度も号外が出る。速報競争は本音の部分を捨てて建前の部分だけで上すべりしていく危険があった。とりわけ、七月三十日ついに「諒闇」が発表されるや、新聞は一斉に「偉大な天子と偉大な時代」への追悼にすべてのページを捧げた。「御大葬」の日取りが九月十三日から三日間と設定されるや、八月の新聞は一カ月先の「世紀の行事」に向けて細大洩らさぬ取材によって、「霊轜《れいじゅ》の曳牛《ひきうし》」のことなどまでこと細かに伝えた。時代は七月三十日をもって、明治から大正という新しい時代に入ったというのに、新聞は新しい時代の指標を示すことができず、底なしのような喪失感のなかで、来る日も来る日も人々は「御大葬」に向けての報道にひたるなか、東京や佐賀で殉死を企てるものが現われ、急遽ペテルブルグから帰朝した重臣桂太郎に対して「精神的殉死」を説く頭山満《とうやまみつる》の談話などが新聞に現われた。

漱石は、友人宛の手紙で、次のように書いている。

国民(蘇峰の『国民新聞』をさす)は此度《このたび》の事件にて最もオベツカを使ふ新聞に候。オベツカを上手の編輯といへば、彼の右に出るもの無之《これなく》候。いづれにしても諸新聞の天皇及び宮廷に対する言葉使ひ極度に仰山《ぎょうさん》過ぎて見ともなく又読みづらく候。

建前の報道が、敬語の洪水を生んだ。あげくのはて、「御大葬」の取材記者の服装はシルクハットにフロックコートという滑稽な規定までも生んだ。

悠々の信濃毎日も、その例外ではありえなかった。だがしかし、悠々の筆になる『信毎』の社説には、心なしか理性の一端が示されていて、その眼差しの異色なことがわかる。

七・一八　「我等は自由の市民である」
七・二二　「聖上御不例――神経過敏な日本国民」
七・二三　「桂公帰る可《べ》からず」
七・二五　「命は唯今、世は百代」

（ウラジオ旅行のため十日ほど社説欠）

八・七　「神経質な国民」

八・一五　「大正の新政界」

八・一六　「平生が大事――桂公論」

八・一七　「ビスマルク公の末路――元老の末路如何」

九・一　「不言実行主義――専制時代の遺物」

九・一〇　「休業と謹慎」

「休業と謹慎」という社説では、奇しくも漱石が日記で述べたのと同じ論旨の展開になっているところも興味深い。この社説を書いた翌九月十一日、悠々は午前八時二十分長野発の汽車で上京した。「御大葬」を直接取材して記事にせんがためであった。汽車は途中混雑をきわめ、十一時間以上もかかってようやく上野にたどりついたという始末であった。彼はその足ですぐ、東京朝日に直行した。悠々はこのときの取材の秘密を、自伝のなかにユーモラスな筆致で書いている。

当時に於ける東京の混雑たらなかった。田舎新聞の一記者が上京しただけでは無論何の用をもなさない。だから、私は日中には信濃毎日の東京支局内に寝ていた。

そして日が暮れかかると、蝙蝠《こうもり》のように、東京朝日の編輯局に飛んだ。そして同社の東西連絡部即ち通信部の電話で、これに関する記事を直接に信濃毎日に送ってもらった。火中に栗を拾うとは実にこの事であった。私は、従って信濃毎日は労せずして、明治天皇の御大葬に関する記事を細大漏らさず、読者に報ずることを得た。そして信濃毎日をしていよいよますます異彩を放たしめた。

だが、事は暴露した。……私はある日いつもの通り、同社の編輯局を訪問すると、上野精一氏……が蒼白な顔をして私を呼び「君はもと朝日の記者だったから、無断で編輯局に入って来ているが、今日からは編輯局に入ってくれるな」と言った。だが、私は困らなかった。何ぜなら、上野氏に対する東朝編輯局の評判が頗る《すこぶ》悪かったからである。詳述することを憚《はばか》るが、余りにせせこましかった為であろう。だから、氏に対する彼等の反感は、却《かえ》って私に対する同情となった。「それでは、第一版のゲラ刷を持って行って、信濃毎日の支局から本社に電話すればいいではないか」と、彼等は言ってくれた。

こうなると、私はいよいよ文字通りに蝙蝠となった。日中は東朝の編輯局に行くことを避けたが、日が暮れかかると、私はこっそりとこれに忍びこんで、第一版のゲラ刷をもらい受け、あわくって信濃毎日の支局に駆けつけ、そして電話でこれを本社に読み送った。

ここには、地方紙記者の涙ぐましき苦闘の哀歓がよくにじみでている。そして、九月十四日の『信濃毎日』の朝刊は、この悠々の活躍によって、全国どこの地方紙も及ばぬほど充実した内容で、前日の「御大葬」の模様を、読者にとどけることができただけではない。この日、前夜突発した将軍乃木希典の殉死事件を東京の中央紙よりも早く号外で県下に伝える早業をやってのけた事情は、悠々の自伝には次のように書かれている。

私は当夜(九月十三日)、宵のうち東京朝日の編輯局をあちこちと、種を拾いながら、遊弋《ゆうよく》していた。すると、九時頃……夜の編輯局長弓削田氏が緊張その物の顔付で、みずから通信部の電話にかかり——普通無価値の記事は通信部員をして大阪の本社に電話せしめるのが例であるのに、この時ばかりは例を破って編輯長自身が、しかも緊張その物の顔付で電話にかかったので、私は吸いつけられたように弓削田氏の後を追って、通信部の電話室に入ると、氏はやや震え声で、「重大なる事件を報告します。乃木大将は御出棺と同時に殉死されました」を前置に、これに次ぐ詳報を電話し初めた。

私はこれを耳にすると同時に、夢中に東朝の編輯局を飛び出した。そして銀座通に出て、電車で神田の信毎支局に行こうとしたが、御大葬当夜の事とて、来る電車も来る電車も悉《ことごと》く鈴なりの満員、到底乗れそうにもない。……あっちの裏町、こっちの裏町と、くねりくねって縫い行き、辛うじて一台の人力車を拾い当て、これに乗って、いきせき信濃毎日の支局に駆けつけた。

信毎支局の電話のある部屋には、じつは電灯がなかったから、仕方なく隣りの電灯のコードをのばして鴨居につるし、そのほの明りの下で、いつも悠々は朝日のゲラ刷りの汚い文字を懸命に電話口でつっかえつっかえ読みあげた。だが、その夜は、いつもとはちがった。支局にかけこみ、暗がりのなか、手さぐりで電話をつかむや、至急報で長野の本社を呼び出すなり、まるで受話器のなかにハネ返るような大声をたたきこんだ。

驚く可き悲報あり！

乃木大将只今自殺せりとの報あり赤坂警察署よりは出張取調中なり(十三日午後

十二時）

当時、長野の本社にあって悠々のこの速報を受けたデスクの富田松北は次のように語っている。

深夜上京中の桐生氏から電話がかかってきた。その頃は速記というものが無く、私が電話をとったが、イキナリ「乃木大将に関するヒホウ」と叫ぶようにいわれて、さあヒホウがわからない。「ヒホウだよ、ヒホウがわからないか」と語気で、じれていることがわかる。余り意外だったので「悲しみの報」といわれるまで気がつかなかったのだ。

受話器のなかにたたきこまれた悠々のこの速報は、翌十四日、そのまま特大活字となって号外に組みあがり、朝日をのぞく中央のどの新聞よりも早く信州の町や村に配られていった。

乃木大将殉死続報　十三日午後七時五十分赤坂沿道警戒の警官が恰《あたか》も新坂町五十

番地の乃木大将の邸前を通行するや邸内唯ならぬ気合いの物音せしより邸内に入り家内に尋ぬる処あるも何事も判らねども大将の居間に当り時ならぬ音響あるより室内に入らんとするも室の入口には堅く錠前を掛けてありしを無理にコジ開け入り見れば大将は短刀もて其夫人と見事に刺違いに自刃し鮮血淋漓《りんり》たり(以上十三日午後十時より十四日午前二時までの着電)

東京朝日の編集室のなかを蝙蝠のように遊弋していたがために、悠々は夜の編集局長弓削田についで早く、乃木殉死のニュースを耳にした。殉死後約一時間、それがいかに早かったかは、時の内務大臣原敬の耳に達したのが翌十四日午前二時ごろだったという原敬日記の記述からもうかがい知ることができる。内務大臣原敬の耳に達したときには、遠く長野の信濃毎日では早くも号外の準備にとりかかっていたのだから、地方紙としては、稀にみるスクープといわなければならない。速報電話の受話器をおいたとき、その日一日の疲れが、悠々の全身をおおった。しかし、同時に、言いようのない興奮が全身をとらえて、悠々は、東の空が明るんでくるまで容易に寝つくことができなかった。

五

少なくとも、「御大葬」の取材は報道記者悠々にとっては大いに満足ゆくものであり、「乃木殉死」の速報にいたっては、地方紙としては大スクープとして、興奮のルツボに投げこまれたようなものであった。

だがしかし、報道記者としての満足が潮のように引き、興奮がさめていったとき、悠々のなかに、えもいえぬ空しさのようなものがのこったであろうことは想像にかたくない。その空しさをかかえながら、翌日、幾つもの中央紙を手にとって、読者として乃木殉死を報ずる記事に目を通したとき、心の空しさは別のものに変化していった。コメントを求められて紙面に登場した識者たちの発言が、どれもこれも煮えきらぬもののとして悠々の目に映るとともに、「乃木殉死」をあつかう諸新聞の論調が初めは驚愕と戸惑いから、やがて乃木将軍の殉死へ手放しの讃美が送られていくのを見て、悠々は己れのなかにそれらを根本から肯定できぬ感情がはっきりと形をとってくるのを感じざるをえなかった。そのとき、彼は報道記者から論説記者へと立ちもどるとともに、論説記者としていま言わねばならぬことをひしひしと感じはじめてもいた。

「御大葬」取材の残務をおえた悠々は、長野に戻るのももどかしげに、九月十三日以来心にわだかまっていたものを一気に吐きだすように、一篇の社説に仕上げた。題して「陋習《ろうしゅう》打破論――乃木将軍の殉死」、それは思わず長文にわたったので、九月十九日から三日間、信毎社説欄に分載された。

㈠ 我等はさきに明治天皇の大喪儀を遥拝した際、明治元年を以て御発布となった、同天皇の所謂《いわゆる》五箇条の御誓文に想到して其《その》精神の在る所を徹底せしめんことを誓った。其御誓文の一条に「陋習を破り、天地の公道に就く可し」と云う件《くだり》がある。我等はここに此《この》観念を以て、しばらく乃木将軍の殉死を論じて見ようと思うのである。

乃木将軍の自殺もしくは殉死は、さすがに内外の人心を興奮せしめた。而《しか》して之に対する批評は、区々として一定して居ないが、概して言えば、日本人は大抵之を可とし、西洋人は大抵之を非として居る。もとより国情の然らしむる所であって、其間に是非の区別を為すことは出来ないが、之を「天地の公道」と云う明治天皇の御尊崇なされた観念に照して見るときは、我等は遺憾ながら西洋人の説に賛成して、日本人の旧思想、旧倫理的思想に反対せざるを得ざるものである。

殉死もしくは自殺は、封建の遺習である。亡国的なる支那思想の渡来物である。依然旧態を保持して居たならば、来りつつある世紀中には必ず亡びて了《しま》うだろうと云う虞《おそれ》があったので、近頃に至って一大革命の下に、已むを得ず共和政治と一変しなければならなかった支那――其支那から伝来した倫理的思想である。開国進取の国是が定まり、「天地の公道」に就くべき現在の日本に在っては、殉死もしくは自殺は、断々乎として五箇条の御誓文に所謂「陋習」である。野蛮の遺風である。此《かく》の如き陋習は、一刻も早く之を打破せねばならぬ。

自ら生命を絶つのは、如何《いか》なる点より見ても、「天地の公道」に反して居る愚挙である。随って一種の罪悪である。個人的には、其動機と原因と手段の如何《いかん》により、或《あるい》はジャスチファイされる場合もないではない。併《しか》しながら、団体生活、もしくは国家生活の上から見れば、其自殺者の能力や資格が最早社会に貢献し能《あた》わざる状態に在れば格別、然らざれば、自殺は断じて排斥すべきものである。

忠臣二君に仕えずとは、封建時代に於てこそ意味もあり、又倫理的の価値もあったれ、王政復古して六千万の民挙げて一天万乗の君に仕えまつる今日に於てはただに無意味であるのみならず、更に進んで国家の生存に至大の危険を及ぼすべき倫理的思想である。我等の戴きまつるは万世一系の天皇である。封建時代に於ける徳川政府でもなければ、固《もと》より毛利公でもない、旧藩のお殿様でもない。随って我等は明治天皇の忠臣であると同時に、今上陛下の忠臣でなければならぬ。否、我等は明治天皇の忠臣であると同時に、今上陛下の忠臣である(傍点原文)。此間の関係は、法理上一にして決して二にならずである。唯事実は君主を二にし、随って之に対する臣民の感情も二三であるが、此の如き封建的の陋習は、一刻も早く之を打破せねばならぬ。今上陛下に忠誠を擢《ぬきん》ずるはやがて明治天皇に忠誠を擢ずる所以《ゆえん》である。明治天皇の御遺志は炳乎《へいこ》として日月の如し。此御遺志に従って今上陛下に献替《けんたい》するは、やがて明治天皇に献替する所以である。然るに、明治天皇が崩御されたからとて、之と同時に殉死して了うのは、ただに今上陛下に対し奉りて、不忠不誠であるのみならず、明治天皇に対しても、亦《また》許すべからざる不忠不誠の所為である。我等は此点に於て、大いに乃木将軍の殉死に反対するものである。

之を人情の上より見るも、人間は何時《いつ》までも生きられるものではない。余命幾許《いくばく》もない両親に誠を尽すよりも、子孫に誠を尽した方が両親に取っても、どれほど嬉しいか知れぬ。両親と自分との間の関係が極めて密接であったから、子孫は如何《どう》でも可《よ》い。其両親にさえ誠を尽せば可いと云う道理は断じてない。普通のお互同志の間の事ならば、コンナ倫理的思想を有して居ても、或は過《あやまち》がないかも知れぬ。併しながら、君主と臣民との間にコンナ誤った倫理思想が蟠《わだかま》って居るならば国家は久しからずして滅亡するであろう。然るに、我が元老なるものは、——我等は乃木将軍をも此中に数えねばならぬことを悲しむものである——皆此誤った倫理思想にとらわれて居る。論より証拠、今上陛下御即位の折には、此等の元老は悉く陛下より詔勅を賜わったのではないか。帝国の憲法は君主を二にせず、又臣民を二にせず、先帝の忠臣は今帝の忠臣である。然るに、此の如き余計の詔勅を賜わらねばならなかった今上陛下の御心中は、察しまつるだに悲憤の情に堪えぬ。かくて世は大正元年でありながら、事実は五十年前の昔に還《か》えされて了った。乃木将軍の殉死も此一例に過ぎぬのである。而して同将軍に対する世論も亦此一例に過ぎぬのは、「陋習を破り、天地の公道に就く可し」と云う明治天皇の御遺志を去ること遠くして又遠しと云うべしである。

(二)　仮に殉死を以て善事とみなせば、善事は奨励すべきものであるから、次に殉死を奨励せりと仮定せよ。而して今日の元老及び明治天皇から直接の恩顧を蒙った閣臣及び諸臣をして、一時に明治天皇に殉死せしめたりと仮定せよ。それこそ世は暗闇となるであろう。山県、井上、桂等の諸元老が自殺したとて、さまで日本の損失ではなかろうが、西園寺《さいおんじ》侯などが自殺しては、将来の憲政に至大の悪影響を及ぼすのは知れたことである。東郷《とうごう》大将の自殺なども、余り賞《ほ》めたことではない。悪いものばかりが死んで、善いものばかりが生きながらえば、それこそ願ったり叶《かな》ったりで、殉死も時によっては大に奨励するの必要もあろうが、世の中はそうも問屋では卸《おろ》してくれない。グレシャムの法則ではないけれど、悪銭は能《よ》く善銭を逐《お》うも、善銭は悪銭を逐うこと能わずと云うのが世の中である。殉死によって悪人が排外されれば何よりの事だが、事実は善人が排外され易い。現に乃木将軍の如き善人が排外されて、数多《あまた》の悪人が生きながらえて居るではないか。殉死は国家政策の上よりも見ても、実に不得策極まる愚挙である。

乃木将軍の殉死に対する是非の批評はしばらく別問題として、一般にもし殉死を善事とし、随って之を奨励し、随って之を実現せしむれば、君主の崩御と共に、国家の功臣は悉く死んで了わねばならぬ。政治、軍事、財政経済等の事に関して、経験あり、力量ある諸功臣が一時に殉死したならば、国家の生命はここに断絶せざるを得ぬ。殉死奨励論の愚にして迂なることは我等のここに贅言《ぜいげん》する必要もないことである。ただ乃木将軍が善人なるの故を以て――即ち其人の個性が高潔であって、公事に対し毫《いささか》も私念を挿《さしはさ》まなかった故を以て――此人のみの殉死は之を許すも、他人の殉死は之を許さぬと言うのが彼等の意見であろう。現に犬養《いぬかい》君の如きは、明に之を唱道して居る。併しながら、此意見に対しては三個の反駁を試むることが出来る。㈠現在の功臣中、乃木将軍と比肩して、其個性の高潔決して之に譲らざる人々が沢山居る。東郷大将の如きは其一人である。故に論者の論法で行けば、東郷大将の殉死も亦ジャスチファイされねばならぬ。而して其結果は善人が亡びて、悪人がはびこることになる。㈡善事は何人にも許すべきものであって、人を限って許すべきものでない。殉死を善事とすれば、此善事はただに乃木将軍が行ったからとて、ジャスチファイされ、他の人が行えばジャスチファイされないと云う道理はない。例えば岡侍医頭が殉死したとすれば、世論は之に対して如何なる批評を試むるであろう。そのくせ世論はややもすれば、岡侍医頭に対して殉死を勧告して居るように見受けられる。矛盾もここに至って極まれりと云うべしだ。㈢論者の想像は余りに悲観的である。現代の人心は、彼等の想像の如く、決して爾《しか》くデゼネレートしては居らぬ。事に当りて死を恐れぬ人間は、上下に充満して居る。而して彼等は唯其《ただその》死所を得ぬ為に、生きて居るのである。死を恐れぬものは乃木将軍だけであって、其他は皆死を恐れる碌々《ろくろく》の徒なりとするのは、現代に対する甚しき悲観説であって、我等は如何にしても之を取ることが出来ぬ。

論者はまた武士道を楯にして、乃木将軍の殉死をジャスチファイしようとして居る。併しながら、彼等の武士道と云うのは、果してドンナものであろう。単に死を恐れぬと云うのが武士道か。将又《はたまた》或は生きながらえて――然り、生きながらえても詮《せん》なき時勢と知りつつも――尚も孤忠を尽さんとして煩悶するのが武士道乎《か》。死は易し、生は難しと云って、無理に生きながらえて武士道を発揮したサムライは指を屈するに遑《いとま》あらぬ。死ぬるをばかり忠義と心得るのは、旧来の武士道を云う観念に徴しても、既に誤った倫理的思想である。況《いわん》や、大正の世の進化した武士道より見た時に於てをや。武士道も社会の一制度である以上、進化せぬ訳には往かぬ。昔のままの武士道を以て、現代の人間を律するのはただに迂遠《うえん》であるのみならず、場合によりては法律上の犯罪を構成し、又国際上許すべからざる一大罪悪を奨励することになる。赤穂の義士を現代に再現せしむれば如何。赤穂の義士は由来武士道の神髄と歌われて居る。併しながら、現代の人間が此義士と同様の心事と手段を以て、復仇《ふくきゅう》を断行すれば、則ち如何。津田三蔵《つださんぞう》の如きものを、昔のままの武士道を以て論ずれば、其心事も手段も共にジャスチファイされようが、進化した今日の武士道を以て論ずれば、許すべからざる一大罪悪である。殉死は昔時武士道の一形式であったかも知れぬ。併しながら大正の世の進化した武士道から見れば、知恵のないこと甚しい悪行為と云わねばならぬ。

(三)　既に発表された乃木将軍の遺書によれば、同将軍の自殺はまことに単純なものであって、我等は如何としても之もジャスチファイすることが出来ぬ。果然、或《ある》一部の人々は、同将軍の自殺を以て、時世憤慨の余に出でたものと推察して居るらしい。而して其憤死の理由に関しても、亦種々の説を為して居る相である。曰く是《これ》宮中の積弊を憤れる結果である。曰く是政治に関して憤れる結果である。曰く陸軍の士気頽廃を憤慨したる結果である。曰く、是一般国民の教育上憤慨せる結果である。曰く、是華族の子弟の教え難きを憤れる結果であると。なるほど、是ならば、或は同将軍の自殺はアップレシエートされるかも知れぬ。併しながら我等はヨシかかる理由があるにしても、将軍の自殺は如何してもジャスチファイされぬと思うものである。維新前の日本と大正の日本とは、全然其面目を異にして居る。将軍の心中もしかかる憤慨の種があるならば、何ぞ正々堂々として之を発表せざる。発表して而して之を世論に訴えざる。「万機公論に決す」べき世の中、「上下心を一にす」べき世の中、「官武一途庶民に至るまで其志を遂」ぐべき世の中に於て、徒《いたず》らに胸中憤慨を蔵して、独り悶々の情に苦しむのは、個人としてもまことに不得策であるのみならず、公人即ち国家の一員としても、決して賞すべき事ではない。現代の民心は如何にもデゼネレートして居るに相違ないが、正義を知り、更に進んで正義を行い得る力と勇気のあるものは、決して少くない。之を世論に訴えても、如何しても救済の道がないと速了するのは、現代即ち我等を見くびるの甚しきものである。見くびられながら、其行為を賞揚する現代人の雅量は我等の到底企及し能わざる所である。桂公は政治に私心を包蔵する人であった。而して其声望は一世を圧して居た。併しながら、輿論の力は絶大なるものである。此輿論は今日ではとうとう公を政治界より葬り去った形ではないか。乃木将軍は何が故に生きながらえて、此輿論を喚起することが出来なかったろうか。故に若《も》し其憤死が事実でありとするも、此の如きは所謂現代の一弊風たる薄志弱行の一反映に過ぎぬと言われぬこともない。

如上、公人として乃木将軍の自殺は、たといそれが殉死であったにしても、我等は到底之をジャスチファイする理由を発見し得ない。併しながら、一私人としての将軍の自殺に対しては、我等は実に、満腔の同情を表せざるを得ぬ。其墓石の上に万斛《ばんこく》の熱涙をそそがざるを得ざるものである。個人としての乃木将軍は、一見頗《すこぶ》る冷酷にして、毫《いささか》も人情を解せざる人のように、爾来我等の心鏡に映じて居た。普通の人間ならば、かの難攻不落の称があった旅順の要塞を陥れた時、将軍の心的生活には、実に一大革命が起って居るべき筈である。器械と人間との戦争、自然と人類との戦争に於て、あたら幾万の生霊を亡ぼしたるさえあるのに、其二愛子――然り、自己が第二の生命にして、而して自己の遺志を継がしめ、自己の主張と人格とを承けしめ、以て万世不朽の自己を保存せしむべき二愛子を失った折の、将軍の感慨は果して如何なりしぞ、想うて此に到れば、将軍が此悲惨を極めた現状と而して現状の回顧とに堪えて、今日まで生きながらえて居たのは、我等を以てしては、到底窺知《きち》し能わざる一大神秘である。併しながら、将軍より之を見れば、此の如きことは神秘でも何でもなかった。寧《むし》ろ日常茶飯の事であったのである。即ち聖恩の無窮なるに感奮して、一私事の悲惨は一瞬時たりとも之を顧るの遑《いとま》がなかったのであろう。乃木将軍の乃木将軍たる所以《ゆえん》は、ここに在る。其維新の陋習たる殉死を敢てしても、世人が挙げて之を賞揚して居るのは、将軍に自然此の如き徳が備わって居たからである。もしそれ西南戦争の際、軍旗を奪われし一件に至っては、責任はもとより将軍にあらずして、其隊長に在る。而《し》かも進んで其責任を負い、終世之を忘れなかった心事は、真に武士道の三昧《さんまい》に入ったもので、其感化の及ぶ所は決して現代にのみ止まるものではない。而かも殉死の陋習たることは、何処々々まで往っても変らない。市井《しせい》の一匹夫が発狂して殉死の芝居を演じても、乃木将軍が万事承知の上で殉死を遂げても、殉死の倫理上の価値は人によって決して二三になるものではない。

我等は之より更に進んで、世人が乃木将軍の死に対して、如何に神経質になり又如何に自己の意見を吐露するに臆病になって居るかを見、又如何に之を利用せんとしつつあるかを見ようと思う。而して乃木将軍の殉死に対する一切の虚偽的評論を排しようと思うのであるが、ソハ興奮した人心が沈静して、彼等自らが省る機会の到達する日を待ち、ここに一度筆を擱《お》く。

乃木大将の自刃が、明治から大正に移行した一九一二年のこの国に与えた社会的な衝撃の大きさは、たとえば鷗外の『興津弥五右衛門《おきつやごえもん》の遺書』『阿部一族』、漱石の『こころ』、龍之介の『将軍』など、忘れられぬ作品に、さまざまな形で刻みのこされていることからも、容易に想像することができる。内田魯庵や志賀直哉や武者小路らの日記や手記にも、乃木大将の自刃は、それぞれに強い個性をひきだす役割を果たしていることからみても、それは「劇的」な要素をもった事件だったということができる。

それゆえにでもあろう、事件直後、新聞に現われた諸家の意見には、事件の衝撃に気圧《けお》され、ひとえに将軍の自刃をたたえるものが目立ち、たとえ批判的な意見もその衝撃をはね返すほどの力をもつものは少なかった。多くの新聞は、三宅雪嶺、徳富蘇峰、浮田《うきた》和民《かずたみ》、菊池大麓《だいろく》、犬養毅《つよし》、大隈重信《おおくましげのぶ》といったいわゆる「識者」にその感想を求めるという形をとっている。政論新聞から商業新聞がとって代ったわが国のジャーナリズムが好んで用いるようになった手法であり、したがって、自らの社説で正面からこの難問を解こうとする新聞はほとんど見かけることができなかった。

「識者」の歯切れの悪い談話をもって、新聞が「代弁」という逃げの姿勢で、乃木将軍の殉死を扱ったなかで、『信濃毎日』の悠々社説は、やはり異色の存在だったといわねばならない。多くの識者が、乃木の起伏ある前半生の、たとえば西南戦役での軍旗を失った事件や日露戦争における二〇三高地の苦戦やそこでの二人の愛息の戦死などという悲劇に目をそそぐあまり、いきおいそれを特殊乃木個人の忠誠心や廉潔心に原因を求めるような微視的立場をとることで、読者に問題の所在を明かす指標を示しえなかったのに対して、悠々の社説は、微視的な立場を排してより巨視的な立場を前面に押しだすことで、読者に問題の所在を明示しようとする姿勢がはっきりしている。彼の批判の立脚点は、「五箇条の誓文」という、明治維新の出発点にあたって闡《せん》明《めい》されたはずの、近代政治の原理であった。「五箇条の誓文」をテコとして、近代政治と殉死を対置し、封建道徳の遺習としての殉死を浮き彫りにしたとき、読者はたしかに、陋習を打破しなければならぬ指標を、そこにはっきりと示されたことになるのであった。

大宅壮一《おおやそういち》が『炎は流れる』のなかで書いている次の指摘は重要だ。

当時の日本の新聞が、乃木将軍の死にたいして示した反応をいまからふりかえって見て興味のあることは、将軍の死が発表された直後には、近代的・自由主義的な立ち場からの否定的な批判も相当あったのであるが、日がたつにつれて、肯定的・礼讃的意見が強くなり、まもなく無条件的讃嘆一色でぬりつぶされてしまったことだ。

悠々の「陋習打破論」が紙面に出たころには、すでに、世論の風向きは「肯定的・礼讃的」方向に急変していたときであり、これがために、京大教授谷本富《たにもととめり》はその発言を責められて、ついに教壇を去らねばならぬような事態に発展する。「言論の国」といわれた信州でも、世論の硬化は例外ではなかった。悠々の論説には、強い反応があり、なかには紙面に痰《たん》を吐きかけて送り返してくるものも現われ、一部に信毎の不買運動を起こそうとする動きもあったと伝えられる。
伸びたとはいえ、たかだか二万六千部の地方紙にとって、不買運動は直接その経営の危機につながる脅迫であった。「陋習打破論」が完結した翌日の九月二十二日の紙面には、社長小坂順造が直接筆をとって、「乃木大将の死を論ず」という異例の論説が掲げられた。

本日東京より帰りて、友人桐生君の乃木大将殉死反対意見を読んだが、僕はその論に同じ兼ねるのである。

小坂は、乃木の死を理性の問題として論ずることは妥当でなく、これを感情のレヴエルで受けとめるべきだと説き、「この点において、根本において、僕は桐生君と見方を異にしている」と結んでいる。社長と主筆がひとつの事件をめぐって同じ紙面で根本的な対立をさらけだしたというのは、奇妙なことであったが、しかし、これは、見方によっては、深刻な事態を前にしての、若い社長小坂順造の果断な対処というべきであったかもしれぬ。経営主体が意見を表明することによって、少なくとも不買運動には釘をさした。そして、「社中の同人でも時として意見を異にすることあり」と断言して、主筆の言論を掣肘《せいちゅう》しなかったことも、また賢明な態度というべきであった。
若い社長にたしなめられた形の悠々はといえば、その翌日から二回にわたって「其人格を仰いで其死を見るな」という社説を無署名で掲げているが、内容的には依然「陋習打破説」であり、さらに九月二十五日には「時弊を慨するの言」、九月二十七日には「丁髷《ちょんまげ》時代に逆戻」を書いて自説を曲げぬことを示すとともに、寄せられた非難は無視したまま、「悠々信濃毎日新聞主筆足下」なる読者の好意的投書を援護射撃として載せてさえいる。

私は、当時尚若かった為、断じてこれには屈しなかった。朝起ると同時に、第一に、私の口を衝いて発する言葉は「馬鹿野郎!」であった。そして私は握太《にぎりぶと》のステッキを携えて、往来しつつ、危害を加えるものがあるならば、これで以てぶん殴ってやろうと覚悟していた。

この回想は昭和七年六月のものである。なぜ突然、彼がこんな回想をしたのか。ときに五・一五事件が報道管制にあって、悠々は腹ふくるる思いをしていたときだ。それから一年後、「関東防空大演習を嗤ふ」の筆禍が間近に迫ってもいたときだ。悠々は自らの筆禍を前にして頑ななまでに戦闘的《ミリタント》な態度をとりうる稀有なジャーナリストの一人だが、その戦闘性の背後には、自己の論理に対するゆるぎない確信があるからでもあった。

すでにみたように、四高の学生のころ、学内に蟠《わだかま》る「靖献遺言《せいけんいげん》党」を「あれは青春期の色情の擬装だ」と切り捨てるその論理に、徳田末雄は「必ずしもさうは思はぬ」けれども、たじたじとしたものだった。そこに維新の嫡出子としての桐生政次がいたが、いま「陋習打破論」の背後にも、依然として維新の嫡出子が健在であることを、わたしはみてとる。そして、時代は明治から大正へと大きく舞台を替え、悠々も一歩そこに踏みこんでいるのだが、維新の嫡出子は、「陋習打破論」をひとつの媒介物として、次なる大正デモクラシーの旗手として踏みだしていくのでもあった。

第五章　大正デモクラシーのなかの悠々

一

黒岩涙香《くろいわるいこう》というような人物を、たとえば明治の終りの代表的な新聞人の一人として思い浮かべてみると、桐生悠々はやはり次の新しい時代の大正を代表する新聞人であったといってよいだろう。新聞の文字というものは、社会という名の水の上に書かれた文字ともいうべく、わずか一日の生命で消えていくものだが、それをマイクロフィルムに再生させてたどってみれば、新聞人桐生悠々の生命は、大正という時代のなかではげしく燃えていることがわかる。

すでに乃木将軍の死を「陋習打破論」に論じたとき、大正は始まっていたのだが、その幕開けに予兆されるように、悠々の大正は、波瀾に富んでいた。いま、その年譜によって、波瀾の軌跡を急ぎたどってみると、こうなる。

大正二年(一九一三)「陋習打破論」の余燼はやがておさまってことなきをえたが、この年の初め、西園寺に代ってふたたび政界に返り咲いた桂首相に対し、国民の非難は集まり、東京では憲政擁護のための国民大会が開かれるようになる。これをうけ、二月一日、悠々は長野県同志記者大会の座長として、憲政擁護・閥族打破の決議を採択、翌二日の社説に「大に熱狂せよ」を書いた。二月九日、十日と護憲大会に集まった群衆が『国民新聞』など政府支持の諸新聞を襲ったとき、信毎のコラム「二三子」は、見出しのような大きな活字で「流石《さすが》は江戸ッ子だ　痛快！　痛快！」とうたって読者をおどろかした。全国にまき起こった憲政擁護・閥族打破の声に桂内閣が瓦壊するのを前にして悠々は二月十二日社説に「近代的日本国覚醒の第一期」を書いて護憲運動の勝利を位置づけた。しかし元老会議の推挙した山本内閣に政友会が協力を表明するや、二月二十一日社説「政友会の正体」と題して痛烈に政友会を批判し、信毎社長小坂順造(衆議院)の政友会脱会を迫る。九月、外務省阿部政務局長暗殺事件の記事差止めに抗議し、法廷で検事と論争、九月二十七〜二十九日「新聞紙法違反事件の友人弁護」を連載。

大正三年(一九一四)　一月シーメンス事件が発覚し、政界はふたたび揺れるが、二月から三月にかけて、悠々は信毎社説でくり返し政友会を攻撃。小坂社長は悠々を東京によんで翻意をうながすが、これを容れず辞意を固め、妻寿々に「ヒツコシノヨーイヲセヨ」と打電した。「長野市に帰ると、一切の家具はもう菰包《こもづつ》みとなって、明日にも長野市を去り得る用意ができていた」。三月二十六日、社説

「何が故の討閥ぞ」を最後に悠々は、信濃毎日新聞を去る。

六月十日、新愛知新聞主筆として名古屋に赴任。来てみれば、もう一人の主筆がいて悠々はとまどうが、すぐに「風来語」なるコラム欄を設け、やがて「緩急車」と改題されたこの欄は中京地方の読者をひきつけるようになる。七月、評論集『べらんめえ』を出版。九月六日、市内電車の運賃値上げをめぐる電車焼打事件で名古屋新聞と論戦、以後、ことごとに宿命の対決がつづくことになる。

大正四年(一九一五)　前年辞職した山本内閣に代って首相大隈重信が登場していたが、一月二十一日、大隈伯後援会の支持を主張。新愛知新聞もまた、皮肉にも政友会系であって、悠々にさまざまなジレンマを与えることになる。五月、三女愛子誕生。

大正五年(一九一六)　元旦にあたって、「有らゆる物の書換」を主張。悠々の去った信毎は主筆に適材がえられぬまま、小坂社長は悠々に復帰を打診、新愛知に不満だった悠々の心は動くが、新愛知の社長大島《おおしま》宇吉《うきち》が悠々の出した条件を認めたため、腰をすえ、信毎には仮装主筆として風見章《かざみあきら》の赴任の大正十二年まで論説の筆をとることとなる。「新聞紙の新理想主義」「学校立憲国」「大朝・大毎で何ぞ恐るるに足らんや」などの社説を掲げて注目される。十一月、評論集『緩急車』第一集出版。

大正六年(一九一七)　この年、徳田秋声「秘密」連載。八月『緩急車』第二集出版。九月、檜山事件(後述)を追及し、これに関連して新聞紙法違反で前科四犯となる、いずれも罰金刑。新聞の公共性と報道の責任と義務について法廷で検事とはげしく論争。名古屋検事局との緊張関係はこのころに端を発し、晩年『他山の石』時代にまで及ぶ。九月、三男知男生まる。

大正七年(一九一八)　一～二月、悠々独特の「傑族主義」の立場から吉野《よしの》作造《さくぞう》の民本主義を批判。一月『緩急車』第三集出版。四月同第四集出版。八月、政府がシベリア出兵を宣言した翌三日、富山県に端を発した米騒動は全国的なものとなり名古屋にも及んだ。八月十六日、「米騒動報道禁止」に対して「新聞紙の食糧攻め」なる社説で、言論の自由擁護と寺内内閣の打倒を主張した悠々は、この日開かれた中京記者協会の牛耳をとって言論擁護・寺内内閣打倒の決議を行い、八月二十日の東海新聞記者大会にも積極的に動く。九月十二日に東京で行われた寺内内閣弾劾全国記者大会が最後の打撃となって、寺内内閣は倒れ、代って原敬内閣が出現する。新聞が民衆を代弁して寺内内閣を追いつめたが、大阪朝日の「白虹《はっこう》事件」(「白虹日を貫く」という中国の古諺の引用が革命を示唆したとして問題となった)によって新聞もまた返り血をあびた。

大正八年（一九一九） 四月、評論集『有らゆる物の書換』出版。九月、雑誌『改造』に「新聞職工の同盟罷工と新聞財政の改造」を寄稿、このなかで、最も新しかるべき新聞社の最も時代に遅れた実態を自ら解剖した。

大正九年（一九二〇） 四月、四男幸男誕生。新愛知の改革のため、東京支局長に大庭柯公を迎えようとして交渉するが不調に終る。大庭はその翌年、ロシア革命取材の途次シベリアで行方不明となる。ウィルソン・ギル『普通選挙の準備』を翻訳出版。わが国の普選もようやく政治的日程に上り、憲政会を中心にライヴァル名古屋新聞は、普選に積極的姿勢を示していた。

大正十一年（一九二二） 一月、四女京誕生。七月、名古屋電鉄市内電車買収事件で名古屋新聞とはげしい論戦。

大正十二年（一九二三） 二月、名古屋市会の流血事件は、そのまま憲政会系の名古屋新聞と政友会系の新愛知の論戦に反映。社内改革を企てて動くが失敗する。

大正十三年（一九二四） 二月、十年間つとめた新愛知を退社。原敬の暗殺、日本共産党の結成、関東大震災と、時代は大きく変りつつあるとともに、悠々にとっても、ひとつの時代が終りつつあった。清浦《きようら》内閣打倒をめざす第二次護憲運動が始まっていたというのに、新愛知を去った悠々には、闘いの場はすでになかった。四月、五女春が生まれ、四男五女をかかえた桐生悠々は、帝王の座からふたたび文字通り無冠の太夫にもどっていった。

二

大正デモクラシーのなかで言論活動にその生命を燃焼させた悠々の波瀾の軌跡を追っていくと、おのずとそこに、悠々の抱いていた新聞観が浮き彫りにされてくるといってよい。

彼は、すでに信毎の主筆時代、その社説欄に、折にふれて「記者論」の一端を吐露しているのだが、たとえば、明治四十四年(一九一一)十二月二日の社説「新聞記者道徳」では、次のように書いている。

新聞記者の職責や大なり。而《しか》して新聞記者の任務やまた一にして足らず、精確なる事実の報道の如き、即ち其《その》任務の最たるものなり。事実を報道する、容易なるが如くにして実は決して然《しか》らず。機敏なる観察と冷静なる判断力を以てするにあらざれば、事実は事実として決して記者の眼中に映ずるものにあらざるなり。……況《いわん》や他の記者を出抜《だしぬ》き、最も迅速に而して最も精確に事実を報道するの困難なるをや。是を以て、新聞記者の道徳は世の常の教条を以て律すべからず。彼は此《この》職務を遂行するに於て、勢い有らゆる道徳上の教条を無視せざるべからざる地位にあり。之が為には、詐欺をも敢てし、虚喝をも敢てし、時としては又窃盗をも敢てすることあり。

こう説いて、彼はロンドン・タイムスの敏腕記者ブロウィックが秘術をつくしてドイツ宰相ホーヘンローへ公に接近し、ついに伯林《ベルリン》会議の議定書を盗み出してこれをスクープしたエピソードを紹介している。社主上野精一の目を盗んでは東京朝日の編集局に蝙蝠《こうもり》のように闖入《ちんにゅう》し、ついに弓削田《ゆげた》編集長の電話を盗み聴くことで、乃木殉死の速報《スクープ》を信毎にもたらした悠々の後姿がそこに重なってくるというものではないか。

信毎は、悠々着任の翌明治四十四年、初めて東京に支局を設け、東京のニュースが電話で送られてくるようになったのだが、この「新聞記者道徳」が書かれた前後の信毎の一面は、その秋起こった中国辛亥革命の報道で連日うめられている。壮観ともいうべき紙面構成だが、これは東京朝日の旧友たちが「朝日新聞の特電を電話で、信濃毎日に送ってくれた」からできたことであった。通信網の整備されていなかった当時の地方紙のなかで、この辛亥革命に関する朝日の電報の借用は、だんぜん信毎の権威を高める効果ともなった、そういう時代でもあった。

「有らゆる道徳上の教条を無視し、詐欺をも敢てし、虚喝をも敢てし、時としては又窃盗をも敢てする」ことが許されるのは、いつに「迅速・精確な報道」のためのみであって、当時の新聞界に往々にして行われていたペンをだてに使っての虚喝・詐欺の類いの三文記者的悪徳を、悠々は蛇蝎《だかつ》のごとくきらったことはいうまでもない。広告を断わられたため、信毎の前社長小坂善之助を誹謗する記事を掲げた小新聞があった。ただちに悠々は私立探偵をわずらわしてその小新聞の悪徳のすべてを洗い出し連日信毎紙上に書きたてることで、検事局に動かざるをえないように仕向けたという。

明治四十五年二月、長野から金沢に栄転していく三家《みつや》検事正への送別の辞を四回にわたって社説欄に掲げているが、そのなかで語る悠々のことばが興味深い。

僕は元来甚だ心弱い。新聞記者として交友を広くすると、特に要路者や、県や市の有力家と往復すると、まさかの時に筆が鈍《に》ぶる。筆を持っていて其人の渋面が目の前に見える、斯《こ》うなると、つい友情の為に絡《から》められて、ついに正義を曲げるようなことが出来《しゅったい》しやしないか。だから直接に社に関係ある株主さえも訪《と》うたことがない。

論説記者としての悠々は、小心と疑われるほどに、人との交わりに注意をくばっているが、それは東京朝日の主筆池辺三山に接して学んだ論説記者心得にはちがいないとしても、悠々のなかには小心と大胆がつねに背中あわせに同居していた。彼が大胆な行動に出るのは、いつも正義感を発条《バネ》とするものであったことを、その伝記を追って知ることができる。そこで三家検事正への次のような送別のことばが導きだされてもくる。

君の職務は悪を懲《こら》して、世の見せしめとなし、予《あらかじ》め社会の犯罪を防止するにある。僕の職務も社会的には、またここに在る。今一層適切にいえば、君は之を実行するの職に在り、僕は此実行を世間に報道するの職に在る。風俗の改善、社会及び個人道徳の堕落を救わんとするの念は、君と僕とに於て寸毫の差異、寸毫の厚薄もないのである。二人が互にアプリシエートしたのは、或《あるい》は此点に一致しているからではなかったろうか。

　これをさらにつづめていえば、検察官は「法の番人」だが、ジャーナリストはその法をふくめた「社会的道理を守る検察官」でなければならぬという信条が、悠々の心の基底を彩っていたといえる。正直のところ、わたしには、桐生悠々が帝大法学部を出た〝学士さま〟の身をもって、望みさえすれば、三井・三菱であろうが日銀・大蔵省であろうが、あるいはまた裁判官・検事であろうが、精選されたエスカレーターが彼の前に用意されていたはずなのに、そのいずれにも目をくれず、ついに地方新聞の記者の道を選んだその心の道筋がもうひとつ理解できなかったのだが、ここにいたって悠々の選択の道筋が理解できたように思われる。

　それから三カ月後の明治四十五年五月、『中央公論』に載った黒岩涙香の「新聞紙論」によせて、悠々は「独立者の語る真理」なる社説で、次のように書いた。

　新聞の経営は、近来に於て一種の営業となったが、其《その》営業は他の営業に於ける営業の意味とは、全然其趣を異にしている。是其新聞の編輯に当る主幹及び幹部が、之を以て全然普通一般の営業と見做《みな》すほど、夫《それ》ほど諦めのよい、賢明過ぎる人間を以て組織されていないからであるのが、新聞紙の新聞紙たる生命は、即ち此《これ》にあるのである。故に彼等は事実の真相を穿《うが》つに於て、又世の思潮を導くに於て常に真理と正義の奴隷たることを甘んずるも、決して読者や少数の保護者や、関係者や、之が経営主の奴隷たることを甘んぜぬ。新聞の権威はここに於て乎《や》、初めて発揮せらるるのである。随って新聞記者たるものは、此決心、此覚悟がなくては、一日もかかる馬鹿々々しき、不利益な職業に就いていることは出来ぬ。

ここまできて、悠々はややボルテージが上がりすぎたのに気づいたものか、世の中にはそんな記者ばかりではないという予想される読者の反論に、でも「人は人、俺は俺」さ、とつぶやいたあと、記者のよって立つべき条件は、「独立の地位」だと言いきる。

「独立の地位」は新聞記者にとって、何が故に夫ほど重宝なものであろう。雪隠《せっちん》の中にいるものは、糞尿の悪臭を感ぜぬが、雪隠の外にいるものは、鼻つんぼにあらざる以上、其悪臭を感ぜずにはおられぬ。之が即ち新聞記者――事実の真相を得て之を評論する新聞記者――に「独立の地位」なるものが、最も必要なる唯一の理由である、原因である、基礎である。当局者、従属者の語る所は、総て偽《いつわり》である。利害関係の渦中に投じているものは、大抵は其利害のために囚《とら》われて、事の真相を捉え得ぬ。偶《たまたま》其真相を得るものがあっても、之を明《あから》さまに発表する程の愚者はおるまい。

帝大法学部を卒《お》えた悠々が、東京府属官を半年で辞め、東京火災保険をも半年で辞め、わざわざ戻った大学院でも象牙の塔にこもろうとはせず、「個人における権利思想の発達」という研究テーマをおえるや、突然ジャーナリストの道に入っていったその道筋もまた、正直のところわたしにはよくわからなかったのだが、それもこの「独立の地位」なることばによってあらためて照射し直してみれば、理解されてくるような気がする。

悠々が新聞記者の道をえらんだ明治三十年代には、この国の新聞界は大きな地すべり的変化を迎えていたときでもあった。日清戦争をひとつの契機として、政論新聞は大きく後退をはじめ、代って報道新聞がジャーナリズムの首座をかちとっていくその交代の時期だ。政論新聞の時代には、よって立つ政党政派の主張を前面におしだしていれば足りたが、新しい記者像という時代の要請が、桐生悠々をジャーナリズムに招き入れたといってよい。そして、日露戦争を第二の契機として、報道紙の定着は決定的となった。民権派の『朝野新聞《ちょうや》』と吏党系の『東京日日』の対立といった図式はすでに歴史の彼方にかすみ、『大朝』と『大毎』、『東朝』と『読売』といった報道紙同士のはげしい競争の時代に移っていた。

しかし、それはまだ地方にまで十分には伝播してはいなかった。政党新聞としてスタートした多くの地方新聞は、ようやく中央からの波をうけて、その脱皮を迫られていた時期であり、悠々の主張は、そのような時代の変化を背景として地方紙に寄せられた新しい時代のメッセージとして読まれなければならない。

三

わたしには、大正という時代を見通す材料も、大正の新聞について語る資格も持ちあわせてはいないが、新聞人桐生悠々の軌跡を追ってみるかぎり、大正という時代は、明治という先代の選択した政治の加速度をいかに落し、そのコースをいかに替えるかに賭けられた時間であったように思われてくる。新聞は、したがって桐生悠々は、重すぎて背負いきれぬほどの荷を背負わされて歩かねばならなかったともいえる。

なるほど新聞は、かつて先代の政論新聞が持ちあわせなかったような秘めたる力を爆発させて、桂内閣、寺内内閣という明治の元老の遺産をおしつぶして、内閣の首のすげ換えを二度までもやってのけてみせてくれた。桐生悠々もまた、桂、寺内両内閣をつぶす闘いの先頭に立って汗を流した。富山県の魚津の漁村の主婦たちからまき起こった米騒動は、たちまち燎原の火のように、全国に及んでいった。名古屋もその例外ではなかった。騒然たる雰囲気を伝える記事に囲まれて、悠々の筆になる社説「新聞紙の食糧攻め――起てよ全国の新聞紙！」が『新愛知』を飾ったのは、大正七年(一九一八)八月十六日のことだ。

(一)　歴代内閣中には随分無智無能の内閣もあったが、現内閣のごとく無智無能なる内閣はなかった。彼等は米価の暴騰が如何《いか》に国民生活を脅かしつつあるかを知らず、これに対して根本的の救済法を講ぜず、甚しきに至っては応急の救済法すらも施し得ずして、食糧騒擾《そうじょう》の責を一にこれが報道の責に任じつつある新聞紙に嫁《か》し、これに関する一切の記事を当分安寧秩序に害ありとして、掲載禁止を命ずるが如き、誰かこれを無智無能と云わざるべき。彼等は新聞紙に箝口令《かんこうれい》を施し、これが報道を禁止だにすれば、食糧騒擾は決して伝播せざるが如くに思惟している。その無智なる唯々呆れるよりほかはない。

(二) 世に新聞紙あればこそ、私共は事件の真相及び状態を知悉《ちしつ》することが出来るのである。もっとも新聞紙の記事中には誤報を伝うるもの、必ずしも絶無ではないが、これを無責任なる流言者の言に比すれば、事件の真相・状態を伝うるにおいて、雲泥の差あること論を待たぬ。論より証拠、一昨日の如きは、米屋町が燃え上がれりとの報道頻々として私共の耳朶《じだ》を打ち、或は既に六十戸が烏有《うゆう》に帰したりとも伝えられ、しかしてこの無責任なる流言は遠く各地方にまで伝わりて、地方電話にて私共までその有無を質し来るもの頻々としてやまざる有様であった。しかしながら、これ等の流言は何人といえども昨日の新聞紙を見れば、その虚伝なることを知り、大に安心したに相違ない。もしも当局にして斯《こ》うした無責任なる流言を禁ぜずして、徒《いたず》らに責任ある新聞の報道を禁ぜんか、流言百出、底止するところを知らず、食糧騒擾は期せずして益々拡大し、益々危険性を帯びるに至るであろう。言い換えれば、現内閣は食糧騒擾に関する新聞紙の一切の記事を禁止することによって、却って食糧騒擾を煽動し、これをして益々拡大せしめ、益々危険性を帯ばしむるの愚を演ずるものと云わねばならぬ。

(三) 政治問題を以て国民を動かさんとするのは、最早時代遅れである。看《み》よ、社会問題が如何に深き根底を有し、如何に広く、また如何に強く一般国民の生活を支配しつつあるかを。特に食糧問題の解決は私共人類の第一本能であり、この本能にして満足せざれば、如何なる権威も私共の前には零である。現内閣の無智無能なる、この間の関係を知らずして、単に枝葉の問題に過ぎざる新聞紙政策に汲々として、しかして抜本塞源《そくげん》の法を誤っている。たまたま米価を調節せんとするも、抜本塞源の法を出でずして、一に紛々たる政治的の関係に顧慮し、大胆なる措置に出でなかった為に、米価は却って皮肉にも益々暴騰の滑稽を見た。しかして、せっぱ詰った揚句は、いうところの袞竜《こんりょう》の袖に縋《すが》って、おそれ多くも御内帑金《ごないどきん》三百万円の御下賜を仰ぎ、自らも一千万円を国庫より支出したが、斯うした措置は今なお声に過ぎずして、未だ実体を備うるに至らず、一般国民の痛苦を殆ど対岸の火災視して、応急の策を講じない。その怠慢なる驚くに堪えたりといえども、仮りに彼等をして応急の策に出でしむるとも、しかく一般に行きわたれる国民の生活難が斯うした少額の支出をもって救われるや否やは疑問である。

(四)　政治問題を重要視する時代は過ぎ去った。現内閣は今もなお今回の食糧騒擾を政治問題として取扱わんとしている。反対党の煽動によるものではないかとも思っているらしい。しかしてこの邪推に従って調査の歩を進めている。何ぞ無智無能なるの甚しき。惟《おも》うに彼等は彼等の居住しつつある帝都にこの騒擾が起らなかった為に、これを余所事《よそごと》のように心得ていたのであろう。いずくんぞ知らん、東京は政治問題の発生地であるが、社会問題の発生地でない、単に政争にのみとらわれ、政治のみにとらわれている現代の政治家、政党者流、特に現内閣の閣臣が、国民生活の根底を動揺せしめつつあった一大事件に留意せず、騒擾日に加わるに従って、漸《ようや》く動き出し、特に帝都にこの騒擾が波及するに至って、にわかに狼狽して諸種の消極的手段を講ずるに至ったのは、敢て怪しむに足らぬことであるが、時代錯誤もここに至ってきわまれりと云うべしである。しかして彼等は蒙昧なるこの時代錯誤に報いらるべく、彼等が最も重要視しつつある、しかして彼等が最も戦慄しつつある政治問題、政治的騒擾によって今や正に彼等の居住しつつある帝都において脅かされんとしつつある。おもうに、帝都の各新聞紙は一斉に起って現内閣攻撃に矢を放つであろう。

(五)　新聞紙は事実を国民に報道することによって、平生国家的の任務を果している。更否、事実の報道をほかにしては、新聞紙は存在の価値もなければ意義もない。更に進んで言えば事実の報道即新聞紙である。しかるに、現内閣は事実の消滅そのものを断行せずして、この事実の報道を新聞紙に禁止した。その暴戻《ぼうれい》怒るよりも、その迂遠なる寧《むし》ろ憐むべしである。事件、事実は新聞紙の食糧である。しかるに現内閣は、今や新聞紙の食糧を絶った。事ここに至っては、私共新聞紙もまた起って食糧騒擾を起さねばならぬ。彼等は事実と云う新聞紙の食糧を絶って、今や新聞紙の生命を奪わんとしている。新聞紙たるものはこの際一斉に起って、現内閣を仆《たお》すの議論を闘わさなければならぬ。社会生活と何等の交渉なき新聞紙を作ることは私共の断じて忍び得るところではない。今や私共は現内閣を仆さずんば、私共自身が先ず仆れねばならぬ。

もし一九一八年に「ピューリッツァ賞」というものがあったとしたら、それは、東洋の片隅の、外国人の誰も知らぬ新聞に掲げられたこの「新聞紙の食糧攻め――起てよ全国の新聞紙！」に与えられてしかるべきだったと、わたしは思うとともに、この悠々の名社説は日本新聞社説史の金字塔ではあるまいかとわたしは思う。

「新聞紙の食糧攻め――起てよ全国の新聞紙！」のインクも乾かぬこの八月十六日、日頃血で血を洗うようなはげしい論戦を余儀なくされているライヴァル名古屋新聞の論敵小山松寿《しょうじゅ》、与良《よら》松三郎《まつさぶろう》、小林橘川《きっせん》らと肩を組んで、悠々は中京記者協会の名において言論擁護・寺内内閣打倒を決議したのだった。翌八月十七日、近畿関西新聞記者大会がこれにならい、八月二十日には東海新聞記者大会がこれにつづき、そして九月十二日にはついに東京で全国記者大会が寺内内閣を弾劾するにおよんで、さすが寺内首相は辞表提出に追いこまれていく。無冠の帝王の得意や思うべし。

だが、無冠の帝王桐生悠々の心は霽《は》れわたるのとは程遠かったといわなければなるまい。桂内閣、寺内内閣、清浦内閣と、政党政治を無視し、非立憲を旨とした三つの内閣を大正は次々に倒したとはいえ、政党政治の理想が近づいたかといえば、砂上に積む楼閣に似て、先代明治の敷いたレールを組み替えることは至難に近い事業と、悠々の目には映じたであろうからである。悠々が「有らゆる物の書換」を主張したのも、レールの組み替えに奮闘したもののひとつの軌跡だ。

なるほど、大正という時代は桂内閣を退場させて大隈内閣を、寺内内閣を退かせて原敬内閣を、清浦内閣を退かせて加藤護憲内閣をつくりだしたとはいえ、政党政治生育の度合をこえて、統帥権の無気味な肥大化を招き、それはやがて、大正のデモクラットたちの前に大きく立ちはだかるまでに巨大化していくところに、桐生悠々の憂鬱をみるのだ。

四

言論の理想郷《ユートピア》ともいうべき信毎を、悠々がなぜ去らなければならなかったかといえば、桂内閣崩壊以後、護憲の姿勢を忘れて政権に近づくことのみに汲々とした政友会に対して、小坂社長の立場を顧慮することなく悠々が攻撃しつづけたからだったが、皮肉にも、新たに迎えられた新愛知は、中京地方における政友会の牙城というべき存在だった。

一方で、政争はげしい名古屋の特殊性を反映して政論新聞時代の悪弊から脱けださず、他方で、金銭感覚の発達した土地柄を反映して二十万部という地方紙最大の部数をほこる商業紙の体裁をそなえる、この二つの顔をもつヤヌスのような存在は、悠々をさまざまに悩ませることになる。まず赴任してハタと当惑させられるのは、次のような事情によってだった。

同社には他に志水代次郎という今一人の主筆が、既に存在していたからである。不思議な体制もあればあるものと思ったが、爾後十年間同社にいて見聞し、経験した事実に徴すると、老獪《ろうかい》なる社長大島宇吉氏はこの種の手段によって、その一人しかも自分の欲しないものを嫌がらせ、みずから進んで辞職すべく余儀なくせしめ、その責を他の一人に転嫁し、しかもこれによって退職金を少からしめんとする魂胆《こんたん》であることを知った。この種の老獪なる手段は営業、編集両方面に於て、忌憚《きたん》なく、又巧妙に弄用《ろうよう》されていた。

だが、この〝老獪〟なる大島社長も、主筆悠々の有能さには一目おいたらしいことは、『大島宇吉翁伝』の次の記述から推し測れる。

……殊に桐生悠々氏は、社説の外に「緩急車」欄を担任、縦横無尽に時事を論評して、読者の喝采《かっさい》を博する等、新愛知の紙面は躍如として光彩を放った。

そのような実績を背景にして、新愛知の歴史にかつてなかった編集会議の仕組みを悠々が作りあげたらしいことも、『翁伝』の次の記述から推し測ることができる。

当時は編輯会議と営業会議とが毎月一回開催され、編輯会議は桐生主筆が司会し、翁は桐生氏と相並んで着席された。此《こ》の会議は社員全部出席し午前九時に開会されるのが例であった。而《しか》して社員は忌憚なく新聞政策上の意見を開陳且つ討議し、或は時事問題等に就て、縦横に論議することを許され、翁は新興の意気に充ちた社員達の論議に耳を傾けられたのである。営業会議は編輯局より桐生主筆が出席して、連絡をとられた。

「経営の独裁者」(『翁伝』)たる大島宇吉もさすがに悠々の横に坐って耳傾けるだけの「新興の意気に充ちた」この会議が約束されただけでも、新愛知の紙面には、見違えるような精彩がほとばしるようになる。信毎に比べて、言論の場としてはるかに条件の劣る新愛知にあって、新聞人桐生悠々の才能は、さらに完全なまでに花開いたといってよい。

主筆とは、単に論説記者として社説を書きコラムをうめるものの謂《いい》ではなく、たとえばオーケストラを一本のタクトで動かす指揮者と見なすことができるが、わけても全紙面をあげてひとつの問題に集中していくプレス・キャンペーンに、主筆の姿がくっきりと映しだされることが、新愛知のバックナンバーをひもどくとき理解することができる。もし、プレス・キャンペーンの典型《モデル》を探ろうという人がいたら、わたしはなによりもまず大正期の新愛知をひもどくことを奨めるだろう。そして、桐生悠々にプレス・キャンペーンの名演出家の称号を与えることに躊躇しない。

悠々が新愛知紙上にくり広げてみせてくれた数限りないプレス・キャンペーンのな

かで、硬の代表作が「米騒動と寺内内閣弾劾」であったとすれば、軟の代表作は「檜山事件」にちがいない。そして、ここに「檜山事件」を詳述すれば、もう一冊の岩波新書が必要なほどだ。ここでは当の演出家桐生悠々に自ら語ってもらうにしくはない。

檜山事件――これは事件の名称その物が示している如く、名古屋市立第一高女の檜山という校長が、授業時間に、同校の裁縫室に於て、部下の女教員、しかも有夫の婦と密会しているところを、同じく部下の女教員石黒すずなるものによって発見された事件であった。本能に制せられて動《やや》もすれば起り勝《がち》な事件だったから私は当初これを黙視していたが、その後檜山校長が自己の非を蔽《おお》わんが為に、この発見者及びこれに味方した二、三の女教員を馘首《かくしゅ》しようとしたので、私は黙視することができなくなった。よしそれならば、素破抜《すっぱぬ》いてやろうと奮起して、この事件を新愛知紙上に発表せしめたのであった。

「檜山事件」には、主筆桐生悠々の真面目《しんめんもく》が現われている。まず第一に、この事件をとりあげることになった動機だ。最初悠々は、たとえ女学校の校長だろうが、「本能に制せられてややもすれば起こりがちな事件じゃないか」として、この事件を黙殺しようとする。身はかつて明治の文壇でいくつかの小説を書いてきたほどの悠々として、当然な判断というべきだろう。だが、その後、檜山校長は発見者の石黒すずと石黒を支持する仲間の女教師を、自分の非を隠蔽するために馘首しようとしているという情報が、悠々の判断を変えさせる。それが、教育者のとるべき態度かと、はげしい怒りが、悠々の判断を替えさせたのだ。悠々のスキャンダリズムには、社会的制裁に価いするか否かの規準が明確にあったといってよい。あくまで記者は「社会的道理を守る検察官」でなければならなかった。

第二の真面目は、いったんとりあげるときまれば、どんな些細なことも見逃すことなく徹底的に取材して、社説、コラムをまで動員して全紙面をこれにあてて、何日でもどこまでもこれを追跡すること、あたかも獅子が全力をあげて小さな獲物に襲いかかるの気迫に似ていたことだ。じっさい、大正六年の九月にはじまった檜山事件の報道は十月、十一月、十二月とつづけられ、やがて問題は法廷にまで持ちこまれるのだが、その裁判の報道まで含めると、二年ごしの関係記事のスクラップブックが何冊も積み重ねられることになる。

法廷に移ったのは、檜山校長側の名誉毀損の訴えによるものだったが、その過程で悠々の社説が検事局によって新聞紙法違反で起訴され、悠々と検事局との対立にまで発展する。檜山校長に不利な証拠書類を検察側が故意に改ざんしたことなども副産物として明るみに出、悠々の筆は検察批判にまで発展するなかで、彼はついに新聞紙法違反の前科が四つも重なる結果とさえなる。「道理を守る検察官」の目からみれば、「法の番人」であるべき検察局の態度は許しがたいと映ったのは当然だろう。正義はわれにあり、と信じたときの主筆悠々の戦闘力こそ、第三の真面目といわなければならるまい。

五

桐生悠々は大阪毎日、大阪朝日、東京朝日、信濃毎日に、奇《く》しくもそれぞれ三年ずつの在社歴を刻んだ。かつて東京府、東京火災、博文館と六カ月ずつしか在籍しなかった悠々を半年病患者とわたしは呼んだが、ここではいくぶん症状がやわらいで〝三年病患者〟と診立てることができる。

ところで、決して居心地がよかったとは思えぬ新愛知で、悠々は十年という彼にとっては珍しく長い不倒距離をきざんだ。自分でも不思議だったとみえ、「要するに、年取ったせいで、妥協の気分が私に沸いて来たからだろう」というつぶやきをのこしている。

たしかに、そのつぶやきの要素もなくはなかった。次々に生まれてくる子どもたちのことを思えば、妻寿々にむけて「スグニヒツコシノヨーイヲセヨ」などと、簡単に軽率に電報をうつわけにいかなくなっていたことは事実だ。

しかし他方、悠々にとって新愛知の十年間は、あっという間にすぎ去ったような時間だったともいえる。新聞の文字は水の上に書くように、短い、たった一日の生命しかないが、しかし書きつづけなければその水はたちまち淀んで腐臭を放つ。とりわけ中京という土地には、「社会的道理を守る検察官」としてはたえず波紋をよびおこさねばいられぬような体質があった。主筆悠々のレゾンデートルが強く求められたゆえんだろう。「妥協の気分が沸いて来たからだったろう」とつぶやいたあと、「だが、私は奮闘した」と悠々は自伝に書きのこしている。社長大島宇吉との緊張関係もそのひとつだったが、彼の闘志をかりたてたもうひとつの要因は、論敵名古屋新聞との果てなき筆の戦いであったといってよい。

当時の中京の政治地図を簡単にトレースしてみれば、政友会は郡部に強く、したがって県会を抑えていた。一方憲政会は名古屋市部に強く、市会に大きな影響力をもっていた。

『日本新聞発達史』(小野秀雄著)の説くところによれば、

「名古屋新聞」は「新愛知」を敵として有力となった。もとより其塁《そのるい》を摩《ま》するには至らないが発展には目覚しいものがある。「名古屋」の社長は憲政会の小山松寿、「新愛知」は政友会の大島宇吉である。睨み合いの競争は単に営業上ばかりではない。「新愛知」の田舎臭きに対し「名古屋」は新しい所がある。(のち戦時統制下この両紙は合併し、今日の『中日新聞』となる——引用者)

かくて、両者は血で血を洗う激闘をくり返さなければならなかった。敵前において、何でおめおめと、「スグニヒツコシノヨーイヲセヨ」などと弱音を吐くことができようか。それは、言論王国信州では味わえぬべつの緊張感であった。

悠々が「緩急車」で縦横に健筆をふるえば、名古屋新聞では主筆与良松三郎が負けじと「わがまずい文章」という表題ながら華麗な筆で覇をきそった。米騒動にあたっては、中京記者協会で論敵は互いに肩をくんで寺内内閣を弾劾したが、檜山事件では名古屋紙はむしろ檜山校長擁護に廻った。市内電車買収を推進した名古屋紙に対して、新愛知はまっ向から反対し、小山社長に代って与良主筆を民衆の前で土下座させて溜飲をさげた。まこと、両者の激闘を詳しく書きたてたら際限がないが、ときにそれは筆の暴力とも非難されかねない危ない橋を成りゆき上渡ることもあった。

大垣共立銀行は政友会系であった。同行勝川支店が取付けにあうや、名古屋紙はこのときとばかり大きく報道した。勝川では尾三《びさん》銀行の支店もいくらか側杖《そばづえ》をくっていた。新愛知はこれに何とか一矢をむくいねばならぬ立場となった。憲政会のドル箱、尾三銀行を標的とする陰謀の背景は、当事者悠々の自伝によってお伝えしよう。

私は無論この計画には与《あずか》らなかった。私は当日、微恙《びよう》の為、守山の宅に引籠っていた。すると、午後大島支配人が珍らしくも来訪して、私の手で編集局員を動かして、勝川に於ける尾三支店の取付記事を書かしてくれとのことであった。そして支配人はこれに付加えて言った。

「金が(新愛知の)編集員に廻っていると見えて、経済部長みずから動かず、経済部員を派遣して記事を書かしめたので、事もなげにこれを取扱っている。何卒《なにとぞ》あなたの手で人を動かして下さい」

私は六感した。よろしいと請合って、私の宅の付近に住んでいるH記者を呼んで、直ぐさま、勝川に行って、調査して記事を書いてくれ、だが、この場合、余計なことを報ずる必要はない。事実だけをありのままに報告せよ、その代り、原稿は直接にこれを編集局に送らないで、先ず私のところへ持って来て、私に見せよ、この場合、私自身がみだしを付けるからと言って、彼を勝川に即派した。夕刻H記者は帰って来て、彼の書いた原稿を私に見せた。なるほど何の事もない。唯大垣共立の側杖を食って、二、三人尾三の支店に取付けたものがあったことを報じているに過ぎなかった。

だが、私はこれに三段抜きのみだしを付けた。現在では、新聞の三段抜きのみだしは珍らしくないが、当時のじみな新聞の編輯振《ぶり》では、こうした事もなげなる記事に、三段抜きのみだしをつけたのは、恐らくは破天荒であった。

尾三銀行の頭取内藤伝禄は政友会の大島宇吉を蹴落して憲政会から代議士に当選したばかりであったから、

復讐するはこの時にありと、私は不随意的に意識せしめられた。無論この事に関しては、大島社長と相談してのことではなくて、私自身が個人的にかく意識せしめられたのであった。従って私は単独に、私自身この事件に向って驀進《ばくしん》した。

のだと、悠々は書いている。浮足だった群衆は尾三銀行に走る。またそれを記事にする。あわてた銀行側は三万円で悠々を買収しようとする。拒むと、知事が会いたいと面会を申しこんでくる。

影響は他の銀行にも出始め、「彼らは金禄証券を日本銀行支店に提供して、貯金払戻しの準備をなし初めた。そして紙幣を店頭に山と積み上げて見せなければ、取付騒ぎを制止することができなくなった」。そのとき、「私は恐ろしくなった」と悠々は告白している。いい、らしからざることばといわねばならぬが、もともと動機が私怨に発している以上、「正義はわれにあり」と言えるような闘いでなかったからだ。そのとき、わが無冠の帝王は、「社会的道理を守る検察官」という金科も「新聞は公器」という玉条も、政争の渦の中で見失っていたのではなかったか。

にもかかわらず、彼はびくびくしながら驀進をやめようとしない。ややもすれば妥協に傾く大島社長を制止して、再三にわたる県知事との折衝のなか、知事の懇願を容れて社会面の活字を引っくり返す約束をする。

人心の機微を察し得なかった彼等はこれを承諾した。翌日の新愛知紙上の社会部面の記事はひっくり返されたこの活字で殆ど全部真黒になっていた。疑心暗鬼を生ずるのは当然の結果で、それはあからさまに、記事を掲載したよりも人心に与える影響は大であった。

日銀支店長結城《ゆうき》豊太郎《とよたろう》の提案で「銀行取付については日銀は徹底的に助ける」旨の記事を掲げることを、「臆病神に取り憑《つ》かれていた」悠々は渡りに舟と、この汚い戦争に終止符をうつこととした。哀れ、尾三銀行だけは、その騒ぎの過程でふたたび起つことのできぬダメージを受けて消えていったという。

この場合にも、私は言う。名古屋新聞が大垣共立の取付騒ぎを報じなかったら、尾三は取付けられなかったろうにと。雉子《きじ》も鳴かずば打たれなかったのである。

尾三銀行事件の回顧を悠々はこうしめくくっているが、公平にみて、それは烏を鷺と言いくるめ、黒を白と言いくるめる類いの強弁のようにわたしの耳には響く。なるほど先に鳴いた雉子は名古屋紙にはちがいないし、悠々は何ら不法な手だてを使ったというわけではないにしても、私怨に発した尾三銀行の取付け騒ぎで多くの庶民が右往左往させられて泣いたことを思えば、それは無冠の帝王にふさわしからざる乗りすぎた振舞いではなかったか。

ひとり尾三銀行事件にかぎらず、新愛知と名古屋の宿命のライヴァルは、部数拡張の販売競争にしのぎを削るだけでなく、政友・憲政両党の醜悪な争いにまきこまれ、何度も危ない橋を渡らねばならなかった。無冠の帝王がその初心に立ちもどるとき、不快と自己嫌悪にささくれた心を、「酒と女」に溺れることでまぎらそうとしたのも、自然の勢いであった。悠々の生活は、ともすれば乱れた。

そんなとき、かつての文学の盟友徳田秋声が名古屋に現われ、二人が久方ぶりに旧交を温めたのは、野口冨士男氏の『徳田秋声伝』の考証によれば、関東大震災のあった大正十二年十一月のことだという。すでに触れたように、その二カ月前に、震災を逃れて金沢に戻っていた秋声は、そこであの「井村のお婆さん」と思いもよらぬ邂逅《かいこう》をしていたわけだから、何かの折に秋声がいくぶん声をおとして、「井村のお婆さん」にめぐりあったことを悠々に伝えただろうことは十分に想像できる。

名古屋で悠々と旧交を温めたことは、それから三年後、短篇『倒れた花瓶』に秋声は書くことになるが、悠々は秋声の泊る宿に訪ねてきたり、市内の料亭に秋声を案内してそこに芸者をよんで乱痴気騒ぎをしたりもする。悠々が陽気に振舞おうとすればするほど、秋声は旧友の心のささくれだちと抑えがたい鬱屈とをみてとることになる。

K―の家庭には、氷川(秋声)より以上の子供達がづんづん育ちつゝあつた。彼は余り其の処を得たとは言へなかつた。K―自身の正義観から見ると、彼の環境は低劣で悪徳に充ちてゐた。酒色は彼に取つての逃避の場所でもあつた。

と秋声は書いている。『倒れた花瓶』は、主人公氷川(秋声)の心象を描くのが主で、K―(悠々)はたまたまそこに登場する脇役であり、『倒れた花瓶』という題名もK―とはなんの関わりもなく、物語の最後に、氷川の宿の床の間の花瓶が倒れる情景から採られたものにすぎない。しかし、わたしには、なぜか、その倒れた花瓶のイメージが悠々のおもかげに重なって感じられてならない。

大正十二年十一月といえば、悠々年譜で見れば、新愛知の社会改革に失敗し、やがて三カ月後には、十年勤めた新愛知を悠々は去ることになるはずだ。大正デモクラシーのなかで華やかに開いた大輪の菊が、いま敗れはてて倒れていくそんな悠々の後姿が、『倒れた花瓶』という題名の語感に塗りこめられていると思われて仕方ないのだ。

第六章　「関東防空大演習を嗤ふ」

倒れた花瓶が、ふたたび元の位置に戻るためには、しばらくの時を要する。そしてそれは一種凄絶な時間でもあった。

何を血迷ったものか、新愛知を辞めたその年、悠々は「理想選挙」を看板に衆議院選に立候補する。何らの勝算もないままの〝法定得票〟にも充たぬ泡沫候補のような惨敗。それがケチのつき始めというものであった。理想選挙とはいえ、戦いのあとには債鬼が押しよせた。

起死回生を狙って、七千円の退職金をたたきこんだ日刊紙『中京朝日』の創刊もわずか五十四日の戦いの末、ザルに水をあけたような結果に終った。

弱り目にたたり目とでもいうべきか、〝サラ金〟まがいの借金をした知人の連帯保証人になったばかりに、桐生家には執達吏がやってきてモーニングを差押えられてしまう。

「筆をもっていたものが筆を持たなくなると、猿が木から落ちたと同様である」という悠々の回想には実感がこめられている。この時期、バートランド・ラッセルの『科学の未来と文明破壊の脅威』を初めとして四冊もの翻訳をたてつづけに出版しているが、わずかな翻訳料が火の車のような桐生家の家計を潤すものでなかったことは明らかだ。

おまけに、この時、十一人目の男の子が生れたが、産衣《うぶぎ》すらも作ることができず、破れぼろの女の児の産衣をこれに着せねばならなかった。

中京商業学校の歴史の講師というのが、悠々に与えられた唯一の定職であったが、それで十一人の子女を養うことの不可能なのも自明だった。長男浪男が八高を卒えて東大にパスしたが、進学にあたって、四高時代の旧友安宅弥吉(安宅産業社長)の援助を請う以外になかった。

悠々の生涯には、その後姿にいつも一種の物哀しさがただよっている。逆境にあってもなお節を売ることのできぬ気骨の人がかもしだす共通の雰囲気だが、それはのち『他山の石』の時代に至って、いや増すことになるだろう。

「捨てる神あれば、拾う神もあった」と悠々はつぶやいている。「拾う神」の声は、

「シキユウ　アイタシ　ジョウキョウセヨ」という信毎社長小坂順造からの電報であった。近く行われる第一回普選に立候補するため、信毎主筆風見章が辞めることにな
り、後任を探しているというのだ。かくて、悪夢のような四年間の失業に終止符を打
って、悠々は曽遊《そうゆう》の地信州に、家族大移動を敢行することになる。真冬の善光寺盆地
は凍てつくように冷えこんでいたが、桐生一家には久方ぶりにめぐってきた春だった。
昭和三年(一九二八)一月二十八日、いくぶん照れ気味に、しかしかくしきれぬ歓び
をこめて悠々は「復帰の辞」を書いた。

おお、信州よ、顧れば、おれはお前と別れて、ここに十四年、もとより、あきも
あかれもせぬ仲だったから、鳥の鳴かぬ日はあっても、おれはお前を思い出さぬ
日とてはなかった。あまりの会いたさ、なつかしさにおれはその後、機会を求め、
信毎紙上で、閑をぬすんで、お前と時々うれしいあいびき(仮装主筆として筆をと
っていたことをさす)をしていたが、それは、靴を隔てて痒《かゆ》きをかくようなもので、
痒さはますます募るばかりだった。
あまりの恋しさに、おれは痩せ衰えてしまった。結局神さまもそれをあわれと思《お》
ぼし召されたのか、切れていて切れていなかったようなたよりない縁の糸を、今

俄《にわか》にここにしっかりと繫《つな》いで下された。こんなにうれしいことはない。おお、信州よ、お前もおれも、ここに誠を現わし得る機会に接した。たとい お前がおれを死ぬように嫌っていても、おれはこの機会を利用して、恋の征服者となろう。そして今度は死ぬように恋しがらせて見よう。

ときに悠々は五十五歳、〝記者年齢〟でいえば、すでに〝老境〟に達しての〝出もどり〟ということであった。十八年前の明治四十三年、請われて東京朝日から信州入りした三十七歳の新進主筆とは、おのずからその立場を異にしていたのは、やむないことであった。大正デモクラシーの昂揚を背にしての新愛知の十年のなかで、悠々は記者生命をはげしく燃焼させ、やることはすべてやり尽してもいた。それにつづく四年間の失業時代が、さらに悠々の心身を疲れさせてもいた。もはや、その十有余年の時間が、悠々から、全社の先頭に立って筆政を布《し》くエネルギーを奪いさっていたともいえる。

じっさい彼の肉体は、名古屋での放縦な生活、とりわけアルコールによって深く蝕ばまれており、酒がきれると「頭と身体とがフラフラになって、我ながら我ではなくなる」ような状態であり、「夜間静かになると、特に寝に就くと、時々脈がピタリと止る」ようなことがつづいた。そのとき、恐怖が全身を走りぬける。自伝のこの叙述から診断すれば、悠々の肉体にはアルコール中毒の症状色濃いことがわかる。
悠々は裾花川の畔《ほと》りに百坪ほどの土地を借りて百姓を始めた。早朝三時に起きでてまずその日の社説を書きあげると、午前中出社して、組み上がってくる社説のゲラ刷りに赤字を入れる。紙面構成の一切は編集長三沢背山《みさわはいざん》にまかせ、編集会議にもめったに顔を出さなかった。午後には早々と引きあげ、自宅から十三町(約一・四キロ)ほど離れた畑に通って、土を耕やした。リヤカーに積まれた肥桶はきれいに磨かれており、「桐生先生の肥桶はお櫃《ひつ》のように立派」だと近所で評判となったほどだ。肥桶と並んで五男の昭男がリヤカーにちょこんと乗って足をぶらぶらさせているのを、道往く人は微笑をもって見やった。

そして耕いた、耕いた。働いた、働いた。汗水になって夕刻まで、身体を労した。
……夕食を食い終ると眠くなった。眠くなったから、床に入った。床に入ると、直ぐ寝ついた。

〝アル中〟からの脱出はこうして計られた。

私は今これを思い出して、信毎の人々が、かかる贅沢《ぜいたく》な余暇を私に与えてくれた寛宏の態度を衷心より感謝せずにはいられない。

と悠々は回想しているが、正直のところ、信毎に復帰した悠々には、かつての精彩がなかった。どことなく戸惑いを抱いていたのではないかと疑われるほどだ。悠々を戸惑わせたもののひとつは、昨日までの前任者風見章が個性豊かに創りあげた左翼的な革新の紙面を編集長三沢背山がそのままひきついで、若い記者たちがそれになじんでいたからにちがいない。

旭町のしもた屋から、県《あがた》町に移った信毎は、見違えるような三階建の白亜の鉄筋ビルに変っていたが、それとともに編集室にいる顔見知りの旧い記者といえば、かつて乃木殉死のスクープを叫ぶ悠々の声を受話器で受けとってくれた富田松北ただ一人で、他はほとんどが風見や三沢に育てられた若い記者たちであることが、老主筆を雲の上に押しあげる結果ともなった。社内の変化もさることながら、かつて悠々の筆に打てば響くような反応を示した信州の社会的表情に生じたはげしい変化が、悠々を戸惑わせたともいえる。信毎の社屋が新しくなった大正十二年(一九二三)ごろから変化はと

りわけ著しかった。いま、『年表 信濃の歩み』(一九七九年刊)でそれを見れば、

大正十二年(一九二三) 県下の農民組合三十四。長野県連合青年団左傾、天竜労働団の結成。

大正十三年(一九二四) 県警察部に特高警察課を設ける。文部省の教育圧迫により川井訓導事件などおこる。下伊那に国民精神作興会でき、社会主義団体と抗争。三郷《みさと》村小作争議おきる。

大正十四年(一九二五) 松本連隊の徴兵全県に及ぶ。松本筑摩鉄道に労働争議おこる。

大正十五年(一九二六) 警察署統合・廃止反対県民大会が暴動化す(警廃事件)。県下の農民組合七十、小作争議五十四件にのぼる。伊那電鉄に大規模な労働争議。

昭和二年(一九二七) 県連合青年団の研究会に事前検束者出る。農民自治会が農村モラトリアム運動を展開。岡谷の山一林組《やまいちはやしぐみ》争議おきる(十九日間、労働者一二〇〇名参加)。

というような動きに対応して、風見章の信毎は、いつも小作争議を貧しい農民の立場からとらえ、伊那電や、山一林組の女工争議も、労働側に立って報道してきた。風見主筆のもと、柳町精、林広吉、堀江三五郎といった若い記者たちが現場にとんで、な

まなましい記事を送ることで、風見時代の特色を出したが、信毎が紙面で支援した伊那電争議も山一林組の女工争議も、労働側の惨敗に終った。『百年の歩み――信濃毎日新聞』(一九七三年刊)には当時の常務小坂武雄《こさかたけお》の次のことばがのっている。

風見章によって指導された紙面は、いちじるしく左傾せるものと認められ、ときの枢密院議長原嘉道《はらよしみち》氏(県出身)から内々注意を受けたことがある。

そのようななかで、風見主筆は連載「マルクスについて」の完結とともに、信毎を去った。親友中野正剛《なかのせいごう》の勧めで第一回普選に立候補するのが直接の動機であったが、須田禎一著『風見章とその時代』には、

社長小坂順造がいかに大度量の人といえ、警廃騒動や山一林組ストにおける『信毎』論説は県下のみでなく中央の支配層にまで憎まれるようになった。あたかも三・一五前夜である。風見が支持した労農党長野県三支部のなかには共産党員も多数はいっていた。早晩弾圧はまぬがれまい。そのとき自分までが巻き添えになって塁《るい》を『信毎』に及ぼすことがもしあったなら、これまで自分を信頼してまか

せてきた小坂社長への信義に欠ける、もう引きあげの潮どきであろう、と風見は考えたのである。

と、風見の心境が描かれている。風見は自らの筆政の行き詰りを、政界への転身で打開しようとしたと読みとれる。そして、なぜか「もう引きあげの潮どきであろう」ということばが、わたしには気にかかる。

こうみてくると、悠々自身たとえ与り知らなかったとしても、自由主義者桐生悠々の復帰には、行き詰っていた風見筆政の軌道を修正する役割がふりあてられていたとみてとることができる。三沢編集長の指揮する全体の紙面は依然風見路線を踏襲していくなかで、悠々の書く社説とコラム欄「夢の国」は、マルクシズム批判に当てられた観があった。一見、社論が定まっていないかに映ったが、それが、信毎のこの困難な時代を辛うじて生きていく知恵でもあったろう。

悠々のマルクシズム批判の原点は、かの滝本誠一のライブラリーで彼が身につけたマロックの傑族主義《アリストクラシー》にあったが、それに加えて、ベルギー人アンリ・デ・マンの『社会主義心理学』がさし当っての拠り所であった。しかし、アンリ・デ・マンの祖述にのこる翻訳調は、昭和恐慌下の信州の農村青年に説得力を与えるものとはならなかったから、若い記者たちのあいだに「桐生、老いたり」の批判があり、悠々の論調を批判する読者の論文が、主筆の目も通らずに学芸欄にのるようなこともあった。悠々は、それにも丁寧かつ熱心に「夢の国」欄で反論を書いてはいるが、それはかつて「べらんめえ」欄や「緩急車」欄で悠々が読者と結ばれた熱い関係とは似て非なるものでしかなかった。「おお信州よ！」と「復帰の辞」で呼びかけた「恋文」はついに、悠々の片思いに終ったといってよい。

この歯車の噛み合わなさの責めは、老いたる桐生にあるよりも、むしろ信州の変貌の早さと危うさにあったことは、その後の歴史のなかでの桐生悠々の稀有なる奮闘によって逆照射されるといってよい。

桐生悠々は、「言いたいこと」と「言わねばならないこと」との弁別を、論説記者たる己れにきびしく課した人であり、論説記者の仕事は「言いたいこと」ではなく、「言わねばならないこと」を言うことだという軌範を己れに課していた人だったように、わたしには思われる。

この軌範にてらせば、一方でマルクシズムを批判しつつ、マルクシズムを暴圧しようとする治安維持法の改悪を同時に批判することは、桐生悠々の言論のなかでは何ら矛盾するものではなかった。

前任者風見章が信毎の最後に「マルクスについて」語ったことが思いあわされる。政界に転じた風見が戦争政策に抵抗する意思を抱きつつも、結果的には蘆溝橋事件当時近衛《このえ》内閣の書記官長であり、大政翼賛会成立当時の司法大臣であったことがまた思いあわされる。風見の語った「マルクスについて」は、右の軌範にてらせば、「言いたいこと」の範疇《はんちゅう》に入るものだったゆえに、「もう引きあげの潮どき」ときりあげることのできる危ない性質のものだった。その後の風見の歩みには、危うさがあった。「言わねばならぬこと」の範疇には「きりあげる」ということは不可能だった。「言わねばならぬこと」には、大きな苦痛がともなうものであった。したがって、「言わねばならないこと」が多くなるのは、悠々にとってはレゾンデートルがいや増すことにはちがいないが、それはまた苦痛をともなう不幸な時代の深まりをも意味した。そして、悠々にとって「言わなければならないこと」がいや増す時代へと、昭和はかけくだっていくことになる。それは、統帥権の独立という横車をもって軍部が前面に出てくることと軌を一にしてもいた。

二

いつごろからか、正月元旦になると、悠々は座敷の床の間に、三匹の猿がそれぞれ目と耳と口をふさいでいる「三猿の図」の軸をかける習慣になっていた。「言わねばならないこと」のために生きているものの、せめてものブラックユーモアがそこにある。

すでにみてきたように、大逆事件公判の報道を禁じた当局に対して、悠々ははげしい悪罵をあびせており、米騒動の報道を禁じた寺内内閣に対しては、すぐに倒閣運動を提起して、その辞任に追いこんだ。「言わねばならないこと」が権力によって禁圧されたとき、悠々は最も敏感に反応する論説記者であったといってよい。

また、こういうこともあった。明治三十四年(一九〇一)六月、東京市汚職に端を発して遁相を辞任した星亨《ほしとおる》は、テロリストの手にかかって殺害された。悠々が当時在籍していた博文館の雑誌『太陽』はむしろテロリスト伊庭想太郎《いばそうたろう》をたたえるような記事を掲げ、世論も星の暗殺をよしとする空気が強かったが、悠々は彼自身編集していた『太平洋』に星の死を悼む文章を書いている。必ずしも星の政治的な姿勢に共感をもっていなかったにもかかわらずだ。その星の後任として遁相となった原敬が、その後、大正十年(一九二一)東京駅頭で暗殺されたというニュースに接した悠々は、妻寿々の前で、人前もはばからず声をあげて泣いたという。必ずしも原敬の政治姿勢に共鳴していなかったにもかかわらずだ。

昭和七年五月十五日、陸海軍青年将校生徒らの一団が軍靴のまま首相官邸に押し入って、「話せばわかる」という犬養毅を「問答無用」の一言のもと射殺した。いわゆる五・一五事件だが、後継斎藤実《さいとうまこと》内閣は、事件関係の報道一切を向う一年間禁じた。「言わねばならないこと」を禁じられた桐生悠々の心事は想像に難くない。

すべての新聞が沈黙するなかで、五月十七日、菊竹六鼓《きくたけろっこ》の『福岡日日』は軍をまっ向から批判した社説「敢へて国民の覚悟を促す」(木村栄文『六鼓菊竹淳《すなお》』葦書房刊、参照)を掲げ、同じ日、『信毎』紙上では短評「拡声機」欄に三沢背山の痛烈な批判がのった。事件の概要が陸、海、司法三省によって発表されたのは、事件後一年たった昭和八年(一九三三)五月十七日のことだ。それに先立つこと一週間前に、悠々は「五・一五事件に対する当局の謬見」と題して政府をきびしく批判したが、この社説は「陸海軍司法当局の時代錯誤を嗤はざるを得ない」の一文で終っている。ここに「嗤ふ」ということばが登場してくることに注意しておかねばならない。記事解禁の翌々十九日、さらに悠々は「五・一五事件の政治的結果」を書かなければならず、六月三十日には「血盟団事件の大教訓」を書かなければならず、七月七日には「大阪に於ける進止《ゴー・ストップ》事件の一教訓」(兵隊が信号を無視して交通巡査と衝突した事件)を書かねばならず、七月十九日には「骸骨が軍艦を操縦しては」を書かねばならず、八月九日にはふたたび「五・一五事件と国民の積極的責任」を書かなければならず、八月十日には「この国難来襲を見よ」を書かなければならず、まこと論説記者桐生悠々は休む閑もなかった。この一連の軍部批判は、「満洲事変」終結処理にあたって、悠々のどうしても「いま言わねばならないこと」であったと理解しなければならない。

そして翌八月十一日、ついに「関東防空大演習を嗤ふ」を悠々は書かねばならないのであった。

防空演習は、曽て大阪においても、行われたことがあるけれども、一昨九日から行われつつある関東防空大演習は、その名の如く、東京付近一帯に亙《わた》る関東の空において行われ、これに参加した航空機の数も、非常に多く、実に大規模のものであった。そしてこの演習は、AK（NHKラジオ）を通して、全国に放送されたから、東京市民は固《もと》よりのこと、国民は挙げて、若《も》しもこれが実戦であったならば、その損害の甚大にして、しかもその惨状の言語に絶したことを、予想し、痛感したであろう。というよりもこうした実戦が、将来決してあってはならないこと、又あらしめてはならないことを痛感したであろう。と同時に、私たちは、将来かかる実戦のあり得ないこと、従ってかかる架空的なる演習を行っても、実際には、さほど役立たないだろうことを想像するものである。

将来若し敵機を、帝都の空に迎えて、撃つようなことがあったならば、それこそ、人心阻喪《そそう》の結果、我は或《あるい》は、敵に対して和を求むるべく余儀なくされないだろうか。何ぜなら、是《こ》の時に当り我機の総動員によって、敵機を迎え撃っても、一切の敵機を射落すこと能《あた》わず、その中の二、三のものは、自然に、我機の攻撃を免れて、帝都の上空に来り、爆弾を投下するだろうからである。そしてこの討ち漏らされた敵機の爆弾投下こそは、木造家屋の多い東京市をして、一挙に、焼土たらしめるだろうからである。如何《いか》に冷静なれ、沈着なれと言い聞かせても、又平生如何に訓練されていても、まさかの時には、恐怖の本能は如何《いかん》ともすること能わず、逃げ惑う市民の狼狽目に見るが如く、投下された爆弾が火災を起す以外に、各所に火を失し、そこに阿鼻叫喚の一大修羅場を演じ、関東地方大震災当時と同様の惨状を呈するだろうとも、想像されるからである。しかも、こうした空撃は幾たびも繰り返えされる可能性がある。

だから、敵機を関東の空に、帝都の空に、迎え撃つということは、我軍の敗北そのものである。この危険以前において、我機は、途中これを迎え撃って、これを射落すか、又はこれを撃退しなければならない。戦時通信の、そして無電の、しかく発達したる今日、敵機の襲来は、早くも我軍の探知し得るところだろう。これを探知し得れば、その機を逸せず、我機は途中に、或は日本海岸に、或は太平洋沿岸に、これを迎え撃って、断じて敵機を我領土の上空に出現せしめてはならない。与えられた敵国の機の航路は、既に定まっている。従ってこれに対する防禦も、また既に定められていなければならない。この場合たとい幾つかの航路があるにしても、その航路も略《ほぼ》予定されているから、これに対して水をも漏らさぬ防禦方法を講じ、敵機をして、断じて我領土に入らしめてはならない。

こうした作戦計画の下に行われるべき防空演習でなければ、如何にそれが大規模のものであり、又如何に屢々《しばしば》それが行われても、実戦には、何等の役にも立たないだろう。帝都の上空において、敵機を迎え撃つが如き、作戦計画は、最初からこれを予定するならば滑稽であり、やむを得ずして、これを行うならば、勝敗の運命を決すべき最終の戦争を想定するものであらねばならない。壮観は壮観なりと雖《いえど》も、要するにそれは一つのパペット・ショーに過ぎない。特にそれが夜襲であるならば、消灯しこれに備うるが如きは、却って、人をして狼狽せしむるのみである。科学の進歩は、これを滑稽化せねばやまないだろう。何ぜなら、今日の科学は、機の翔空速度と風向と風速とを計算し、如何なる方向に向って出発すれば、幾時間にして、如何なる緯度の上空に達し得るかを精知し得るが故に、ロボットがこれを操縦していても、予定の空点において寧ろ精確に爆弾を投下し得るだろうからである。この場合、徒《いたず》らに消灯して、却って市民の狼狽を増大するが如きは滑稽でなくて何であろう。

特に、曽ても私たちが、本紙「夢の国」欄において紹介したるが如く、近代的科学の驚異は、赤外線をも戦争に利用しなければやまないだろう。この赤外線を利用すれば、如何に暗きところに、又如何なるところに隠れていようとも、明に敵軍隊の所在地を知り得るが故に、これを撃破することは容易であるだろう。こうした観点からも、市民の、市街の消灯は、完全に一の滑稽である。要するに、航空戦は、ヨーロッパ戦争において、ツェペリンのロンドン空撃が示した如く、空撃したものの勝利であり、空撃されたものの負である。だから、この空撃に先だって、これを撃退すること、これが防空戦の第一義でなくてはならない。

三

ここでふたたび、あの正宗白鳥のエッセーにたちもどってみる必要がある。そこで彼は、悠々の「関東防空大演習を嗤ふ」を「激烈なる感想を述べたこと」で印象にのこったとし、それはまた「無法な所論のやうに思はれて記憶に印銘され」たと書いている。

その「関東防空大演習を嗤ふ」をいま読み返してみるとき、わたしは記事に「激烈なる感想」にあたることばを見いだせない。記事は冷静かつ論理的に書かれているとさえいえる。

関東防空大演習の実況放送をラジオできいたこと、そしてこれが実戦ならば甚大な損害が出るであろうこと、そして将来決してかかる実戦があってはならぬこと、かかる「架空の演習は実際にはさほど役立たぬ」ことを、彼は論理的に示している。

むしろ、おどろかされるのは、昭和八年という航空機の未発達な時代に将来の計器飛行を予測するような航空機に関する知識を一地方紙の老論説記者にすぎぬ悠々が持っていたこと、それが悠々の近代航空戦に対する精確な認識を生むとともに、その認識に支えられて十年後を的確に言いあてる想像力を悠々に付与していたということだ。悠々の予言通り、木造家屋の東京は、それから十二年後、まさに焼土と化し、「阿鼻叫喚の一大修羅場」が現出したではないか。

『信濃毎日』を辞める直前の悠々とその家族

正宗白鳥が記憶に印銘したという「無法な所論」のかげも、わたしはそこに見いだすことはできない。「無法」を字義通りに理解すれば、「きまりを破り、すじ道に従わず、乱暴なこと」ほどの意味だろうが、「きまりを破り、すじ道に従わず、乱暴な」関東防空大演習を計画した陸軍を、悠々はむしろたしなめているとさえいえる。こうみてみれば、悠々が筆禍にあった理由の理解にくるしむばかりではないか。

しかし、それはとりもなおさず、論説記者桐生悠々の先見性のなせるいたずらというべきであろう。正宗白鳥ほどの人さえも、悠々の「関東防空大演習を嗤ふ」を読んで、それを「激烈なる感想」と受けとり「無法な所論」と印銘したのが、昭和八年の日本という歴史の現実であったといわねばならない。

「日は忘れたが九月の暑い日であった」(『五十人の新聞人』)と、当時の信毎常務小坂武雄は回想する。いま、小坂と悠々の回想および『百年の歩み――信濃毎日新聞』の記述を合成して状況を再現すると、こうだ。暑い日だったので小坂は階下の営業局に上衣を脱ぎすてたまま二階の社長室に上って行った。そこには七人の軍服姿の客が待っており、小坂が室に入ると、ぱっと立ち上がって一斉に敬礼した。五・一五事件のあとのこととて、いい気持はしなかった。男たちは、信州郷軍同志会幹事長と各郡の代表だと名乗って、八月十一日の関東防空大演習に関する社説は、「その意義極めて重大にして」との御沙汰書の下っている演習を非難して不敬にわたるものだと、いきなり切り出した。小坂は、畏《かしこ》くも御沙汰書の話なら、「ちょっと待ってくれ」といって、秘書に上衣をもってくるようにと、階下に電話した。七人がいきなりつきつけてきたきっ先を、まずはともあれ止めるための間合いが必要だったのだ。当時、社長小坂順造は「支那旅行中」で、弟の小坂常務一人がこの折衝にはもっぱらあたった。悠々の社説はどこからみても「新聞紙法」にいう秩序紊乱《びんらん》のおそれはなかったから、小坂常務は強硬に突っぱねたが、先方は絶対に譲らなかった。桐生悠々と三沢背山を退職させ、小坂自身の謝罪文を信毎に掲載すること、というのが彼らの要求であった。さもなくば、すでに用意してある印刷物をもって全信州八万の郷軍同志会は信毎ボイコットに動きだすであろう、という条件がついていた。農村不況を反映して信毎の販売部数が二万部に落ちこんでいることを射程に入れての脅しでもあった。

苦悩のうちに九月八日悠々は、自ら署名して〈評論子一週間の謹慎〉を社説に書いた。

「関東防空大演習を嗤ふ」の一文が、偶々《たまたま》一部世人の間に物議をかもしたのは、私たちの実に意外とするところであると共に恐縮に堪えざるところである。なぜ恐縮に堪えないかといえば、これより先、陛下には畏もこの大演習の関係者に対して御沙汰書を賜わり、この挙の「重要」なる旨を宣せられたのであった。それをわが評論子が評論したからである。

「御沙汰書」なるものは演習参加者に向けられたものではあったが、それは『信毎』紙上でも演習に関する記事のなかにふれられていたことは事実だ(六ページの写真参照)。御沙汰書の出たことを記事にしながら、知らなかったとはいわせない、郷軍同志会の戦術は、その一点に攻撃を絞ってきた。昭和八年の日本では、それは錦の御旗として否定するわけにいかぬ性質のものであった。〈評論子一週間の謹慎〉も、その一点に対して答えたものであった。

……したがって私たち一般国民が不幸にしてこれを見落したとしても、新聞当局者として、既にこれを紙上に掲載した以上、その責任を免れることができない。その意味において、この意味に重きを措く限り、評論子は謹慎の意を表するため、ここ一週間は、しばらく筆を絶つ。

三沢背山も同時にコラムの執筆を中止して謹慎を表明したが、「陸軍省新聞班長」と「松本連隊」を後楯とする同志会の攻撃は止む気配がないばかりでなく、「信毎を焼打ちすべし」「この際一気につぶしてしまえ」というような流言もとばした。両三度、小坂武雄は松本に足を運んで郷軍幹部と話しあったが、「桐生を処分すべし、然《しか》らざれば貴族院議員小坂順造氏にも自然累を及ぼすべし」といったことばが浴びせられるだけで論議の余地はなかった。小坂は山下奉文《ともゆき》を介して陸軍新聞班長鈴木貞一《ていいち》に面会し、桐生もまた四高時代の旧友陸軍大将阿部信行を介して新聞班長と折衝したが、事態は打開できなかった。郷軍同志会最高顧問倉島富次郎《くらしまとみじろう》(少将)らの「もはや、日を過しているときではない。飽くまでも不買運動にまでは発展せしめないよう、われわれが、同志会首脳部に説得するから、自発的な判断によって速かに」との処断の決行をのぞむ勧告をいれて、ついに九月二十日、信毎は次のような謹告をもって謝罪文に替え、辛うじて三沢背山の辞任だけはくいとめた。しかし抗《あらが》うことのできぬ敗北であった。

　八月十一日付本紙朝刊に掲載せる関東防空大演習に関する論説は、不注意に出ずるとは乍申《もうしながら》、結果において、不謹慎に陥り恐縮に不堪《たえず》、依て筆者桐生政次は自ら退職し、編集長三沢精英(背山)は編集上の責を負いて一週間謹慎し、常務取締役小坂武雄亦《また》監督不行届の責を負い謹慎して、以て恐縮の意を表す。

昭和八年(一九三三)九月八日の「評論子一週間の謹慎　悠々生」が、信毎における悠々の最後の文字——絶筆となった。「最後の妥結をして、終列車で松本から帰る時、姥捨《うばすて》の車窓から眺めた皎々《こうこう》たる明月の光は、私の全身を冷たくするように覚えた事を、今もなお忘れることができない」と小坂武雄はのちに書いている。そのとき、言論の国信州には、かつて「陋習打破論」に非難が集まったのをみて「桐生君の議論はあれでいい、あれで議論が通るではないか」と援護射撃してくれた県学務課長佐藤寅太郎のような人物は、もはや一人もいなかったことが銘記されなければならない。そのときまた、悠々のなかで言論の国信州は現在形から過去形に時制《テンス》を変えることとなった。

第七章　『他山の石』——極北に輝く星

一

桐生悠々六十八年の生涯において、その光芒がいや増すのは、信毎を退《ひ》いたあとの、晩年八年にあるといってよい。

だが、悠々の書きのこした自伝は、明治・大正がくわしく、昭和に入ると、なぜかひどく先を急ぐ気配で、第二の信毎時代については、「関東防空大演習を嗤ふ」筆禍も別の場所に書いたことだからと簡単にはし折り、ただ禁酒を断行するため、午後の時間を畠づくりに専念したあのエピソードを語ったところで、ぷつんと糸が切れたように終っており、読者は奇異に思わずにはいられないのだが、巻末に記された註によって、この自伝が悠々の個人雑誌『他山の石』に昭和十四年六月から毎号連載され、昭和十六年八月二十日の最終号まで書きつがれたものであり、のちにふれるように、最終号を出して二十日後に悠々が死去したことで、この自伝は事実上中断のやむなきにいたったという事情がわかる。

そして、自伝の末尾をもう一度読み直してみれば、禁酒断行で健康をとり戻したエピソードのあと、一行、「だが、私はこの恩寵に馴れ過ぎて、今悪性の咽喉《いんこう》カタルに悩まされている」という文章で自伝がしめくくられていることにも気づく。悠々は昭和十六年(一九四一)八月咽喉カタルに悩まされながら、ついにこの自伝を中途でしめくくらざるをえなかったのだ。そして、彼が咽喉カタルと信じていたものはじつは喉頭癌《こうとうがん》であり、すでにそのときほとんど食物が喉《のど》を通らなくなっていたのであった。

悠々は自伝に晩年八年の最も輝かしい最後の光芒を描くことなく世を逝《さ》るのだが、喉に食物も通らなくなるまでやめなかった個人雑誌『他山の石』という分身を、彼はあとにのこして去った。そしていま、昭和九年六月一日号から昭和十六年八月二十日号まで全一七六冊(何冊かの欠号があるが)のバックナンバーが、遺族のご好意でわたしの机の上に積まれている。

この一部は少なくとも、故人自ら千枚通しで穴をあけ紐《ひも》を通して合本した保存用誌にちがいない。薄茶色に変色したページを繰っていくと、悠々の筆蹟で誤植がただされ、伏字が起こされているところなどもあって、紙魚《しみ》の迹《あと》に目をやれば、そこから故人の息づかいがもれてくるようにさえ思われてくる。これこそ、悠々晩年の自画像というものではないか。

いまさし当って、悠々の信毎退社謹告の日付(昭和八年九月二十日)から、自画像が描き始められるまでの空白の九カ月を塡《う》めておかなければならない。

　信毎を退社した悠々は、そのまま二カ月あまり長野にとどまっている。近くの湯治場に日帰りでぶらりと出かけるような一見のんびりとした生活のなかで、他に行くべき場所もないまま、第二の故郷と口にしていた信州で、彼は個人雑誌が出せぬものかとひそかに模索していたのかもしれない。だが、そこには、すでに佐藤寅太郎のような人物はいなかった。そして、陸海両省があらためて「最近の軍部批判は軍民離間の行動で黙視できぬ」と声明するような風潮のなかで、長野が悠々にとって居心地よかった場所とは思えない。十二月になって街でばったり会ったかつての同僚が、びっくりしたように「まだ長野におられたのですか」と口にした日、帰宅した悠々は妻寿々に名古屋へ引揚げることを宣言した。

　降って湧いたような窮境に直面したとき、この無冠の太夫は「木から落ちた猿」のように頼りなく、難局をきりひらく役は、もっぱら妻寿々にふりあてられる。新愛知主筆のころ、「子孫に美田をのこさず」が口ぐせの悠々を説いて、名古屋郊外の守山に建てた家を、処分せず貸家にしておいたのは、いつ来るかわからぬ難局にそなえての寿々の深慮であった。信州で生まれた十二人目(一人夭折しているので、育った子どもは十一人)の子を背にゆわえつけて彼女は、借家人に家を明け渡す交渉にも行った。こんどの桐生家大移動は、将来に何らの成算のない不安なものであった。

引越しの雑務を妻にまかせた悠々は、就職運動を頭において、さっそく転居挨拶をつくって広く配った。いまその原文を見ることはできないが、そこには信毎での筆禍の経緯が述べられ、悠々の決意が披瀝されていたようだ。それが、名古屋新聞社長与良松三郎の目には、「激烈な感想」「無法な所論」に映ったとしても無理はない。

かつて有力なる論敵だった与良も、個人的には胸襟《きょうきん》を開いて語る友人として、帰名した悠々のために、二つの道を考慮中だった。ひとつは『名古屋新聞』への寄稿、もうひとつは商工会議所を肝煎《きもい》りにした悠々のための読書会。しかし、悠々の転居挨拶をもらった与良はその文面を「第二の筆禍」として、彼が思い描いていた二つの道はご破算になってしまったと、悠々宛の書簡で、いくぶん腹立たしげに嘆いている。与良の嘆きは、昭和八年の名古屋の空気を映しだすリアリズムであったろう。果たして、あてにしていた大朝・名古屋支局の顧問のポストも、中京商業への復帰も実現しなかった。還暦をこえた老記者の再就職は、昭和八年の名古屋では、八方ふさがりの状態だった。

とはいえ、与良の嘆きと悠々の慷慨とには、もともと大きな距《へだた》りがあった。読書会の構想ひとつとってみても、端的にそれはあった。与良が思い描いたような、恩恵的に商工会議所に寄生するような読書会で、いったい何ができよう。悠々が「名古屋読書会」を構想した背後には、「関東防空大演習を嗤ふ」筆禍の体験が「遠因」としてあった。退職という敗北を悠々が受けいれねばならなかったのは、テキが信毎の不買運動を構え、あるいは小坂社長の身をおびやかすという、組織の「バイタル・シート」への攻撃によってだった。「彼らと戦うには組織ある力を以てすることが不可能であり、結局、単独の力を以てしなければならない」というのが、体験から与えられた教訓だったではないか。ひとり、わが道を行くにしかず。

またたくまに時だけは流れていくなかで、桐生家には、巣立つまえの、育ち盛りの子たちが確実にまだ六人はのこっていた。なにはともあれ、親子八人が食わねばならぬために、「名古屋読書会」は生まれた。むろん、与良や旧知の力も与《あずか》って大きかった。会の趣意書には、次のようにうたわれている。

平生激務に忙殺されている方々は勿論の事、専門家としても専門以外の雑書をひもとかれる余暇をお持ちにならないことと拝察いたします。だが、私たちとても、同じくつまらない仕事にたずさわってはいますものの、読書に関する限り、有閑階級であります。この有閑階級が社会に対する一義務として欧米の雑書を漁《あさ》り有益を感じ、又は私たちの社会生活に参考ともなるだろうと感じましたものの大要を、簡単に読み易く且つ普《あまね》く皆様方に紹介しようとするのが、本会設立の趣旨であります。

会員はおよそ三百人以上、月一円の会費、学生は半額、維持会員は三円を納めると、『他山の石』が月二回刊でとどけられる、という仕組みだ。

事務所は悠々の自宅だった。果たしてうまくゆくのか。そこは、手は出すが口は出さない〝専務〟の寿々が財務・庶務の一切を管掌して悠々を八年間助ける。この専務なくして、『他山の石』はありえなかったろう。

会費が高いのは、「家族を養わねばならぬので相済まないことだ」と、悠々はことあるごとに陳謝を掲げているが、「二人の新会員を獲得してくれた会員の会費は免除する」とか、「十銭しか出せぬ人は十人寄って一冊買うことも可」とか、ユニークな拡販方針を出すかと思えば、名古屋読書会の付帯事業として、出版社の求めがあれば新着洋書の内容紹介をし、英文の翻訳は何びとの依頼もこれを受け、講演依頼にもとくに地方青年会などには実費でこれに応じます、などと経営努力も惜しんでいない。むろん、号を追うにつれて広告欄にも努力のあとがみえ、創刊一周年を祝う名刺広告などから、有力支援者の名を拾うことができる。小坂順造、与良松三郎、小山禎三《こやまていぞう》、小倉正恒、松永安左衛門《まつながやすざえもん》、勝沼精蔵《かつぬませいぞう》、安宅弥吉、田中弥助《やすけ》などという耳なれた名前も並んでいる。購読料、広告料の徴収は、むろん妻寿々の重要な役割のひとつだった。

二

しかし、何よりも驚異的なことは、還暦をすぎた老記者の、どこからそんなエネルギーが湧きでてくるかと思われるような、精力的な編集活動ぶりだ。昭和九年(一九三四)六月に始まった初年度の業績は、『名古屋読書会報告』全十五冊に示されている。

第一号　G・D・H・コール「強力なる単一政党」、バルンス「社会経済思想の変遷」。
第二号　A・G・マグレゴール「繁栄持続策」。
第三号　C・フォアマン「国家間貿易の発展」。
第四号　H・デニスン「外国人の銀幕に映じた日本の文明」。
第五号　P・アインチッヒ「軍備拡張と景気回復」、P・ギッブス「次の戦争」。
第六号〜九号　H・G・ウェルズ「経済機構に寄生する富豪」一〜四。

第十号　ドレナン「ファッショとは何か」。
第十一号　E・スパリー「発明の精神と日本の発明」。
第十二号〜十三号　太平洋会議報告「膨脹の日本」上下。
第十四号　アクウォース「上空恐怖の検討」。
第十五号　E・ビアスタット「ソクラテスの死」。
一冊のボリュームは平均三十二ページほどのパンフレットであったから、抄訳にならざるをえないが、悠々は一カ月に最低二冊の部厚い原書を読破してその抄訳を月二回刊の『名古屋読書会報告』にまとめている。原稿枚数にすると月に百枚近い量になり、それを自分で割付けて印刷所に送り、校正をくり返してパンフにし、三百人からの会員に郵送するわけだから、悠々の生活が目の廻るほどの忙しさにおそわれていったことは想像にかたくない。〝専務取締役〟寿々の雑務もかぎりなく多くなっていくのも、またやむをえなかった。
その間にも、悠々は丸善に足を運んで、新着洋書を物色し、欧米の新知識に目をやり、とりわけ欧米からみた日本の評判といったものに目を配った。〝満州事変〟をきっかけとして国際連盟を脱退するや日本は急速に国際的孤立化の道を歩み、それとともに大新聞からも、日本が国際場裡でどのような目でみられているかを判断する材料がかげをひそめ、昭和十年代になれば、情報の〝鎖国化〟〝一ツ目小僧化〟は日を追って顕著となっていくなかで、欧米のアジア並びに日本をみる〝目〟に心を配り、複眼の視座をよびもどす必要があったのだ。乏しい生活費のなかから、最低月十五円を洋書の購入にあてなければならないと、悠々は書いているが、悠々が名古屋丸善でどの学者よりもよい顧客だったという伝説は、このようなことからもうかがわれるというものではないか。

いま手元の辞書を繰れば、「他山の石」の項には、〈よそのできごとや自分に対する批評が、自分の知徳をみがく助けとなるということ。『詩経』の「他山の石を以って玉を攻《おさ》むべし」による。よその山から出た粗悪な石でも、自分の宝石をみがくことができる意〉とある。第二年度、昭和十年(一九三五)から『名古屋読書会報告』が『他山の石』と改題されたゆえんであった。

こうして、『他山の石』には、ハロルド・ラスキ「国家の理論及び実際」「平和の経済的基礎」、G・D・H・コール「世界経済の動向」、オーエン・ラチモア「衝突の揺籃・満洲」、W・マクドゥーガル「渾沌たる世界」、G・スタイン「「日本製」の脅威」「関東軍と満洲国」、W・H・チェンバレン「極東の巨人・日本」「米国人の観た日本人」、J・A・スペンダー「イデオローグ時代」、ポール・ヴァレリー「狂気に対する理性の戦い」、ノーマン・エンゼル「戦争廃止の教育的及心理的要素」、J・P・ワルバッセ「組合的民主主義」「組合と労働運動の関係」、F・A・リドレー「民主政治と独裁政治」、A・プランマー「植民地分配論」、T・W・マルサー「資本主義に代るもの」「戦時の英国消費組合」、G・ビーンストック「支那と列強」、H・G・ウェルズ「世界の新秩序」、A・クローズ「外人の観た荒木大将と林大将」、E・J・ヤング「強くして弱き日本」、M・プランク「自然の因果性」、P・ティルネー「誰が此戦争に勝つか」、R・デイヴィス「一九六〇年の日常生活」といったきわめて注目すべき外国文献の紹介抄訳がくり広げられており、『他山の石』八年間に登場する洋書はゆうに百点をこえている。

　それらを、悠々の筆に導かれるままに読んでいけば、当時の満洲帝国が名ばかりのカイライ政権であり、中国大陸に広がる日本軍の戦線は面はおろか線にもならず、辛うじて点を守っているにしかすぎぬこと、日米もし戦わば石油の保有量だけで勝敗は目にみえるようなものだということが、手にとるようにわかる仕組みになっているではないか。近衛内閣が蒋介石《しょうかいせき》政権相手にせずと声明して、汪精衛《おうせいえい》(兆銘《ちょうめい》)というカイライ政権づくりに奔命しているとき、悠々はラチモアやスタインやエドガー・スノーの情報から「中国共産党関係人名要覧」をかかげて百人近い人名リストを正確につくりあげ、内部の勢力関係をも的確に描きだしている。まだ大多数の日本人が毛沢《もうたく》東《とう》の名ひとつ知らず、中国紅軍を〝匪賊〟としか呼ばぬ時代、それは誰もなしえなかった『他山の石』のスクープだったといわなければならない。

なるほど、『他山の石』に要約された百余冊の洋書に目を通していた学者やジャーナリストは、悠々のほかにも何十人かはいたであろう。そこから得た知識で情勢を分析し、日本の現状を的確に認識した人も何人かはいたであろう。しかし、それを自ら要約し、自ら印刷し、自ら配布して、これを世に知らしめようとの努力を惜しまなかった人は、桐生悠々をおいて他にはいなかった。

最も耳傾けるべきは戦争政策の担当者たる陸軍参謀本部であり海軍軍令部であるべきはずであったが、アプトン・クローズの「外人の観た荒木大将と林大将」は「対満行動誣謗《ふぼう》」の廉《かど》で、ハロルド・ラスキの「国家の再検討」は「革命示唆」の廉で、W・H・チェンバレンの「日本はどれだけ強いか」は「反戦思想醸成」の廉で発行禁止となり、E・J・ヤングの「強くして弱き日本」は「対外国策の誹謗曲説」の廉で削除を命ぜられるという具合で、『他山の石』の前途は多難であった。

『他山の石』と衣更えして間もなく、『名古屋読書会報告』という題は表紙から消え、代って、新愛知時代の懐しき「緩急車」欄が設けられ、毎号悠々の時事を論ずる筆が読者をひきつけていくことになる。「緩急車」を設けるにあたって、彼は次のように書いている。

この政治的動物が、政治や時事を、語らずして生活するの不可能でなければ、困難なることは、いうまでもない。本誌は前号まで、困難な、従って不自然な生活を営んでいたが、御覧の如く本号からは、自由に政治界に呼吸し得る動物となり、同時に大小の時事問題を批判する自由を獲得した。この政治を論じ、時事を談ずる欄を「緩急車」と称したのは、往年編者が『新愛知』紙上に於て、聊《いささ》か人気を集め得た同欄の昔を回顧して、これをその儘《まま》復興せんことを期した為であるが、果してこの期待を実現し得るや否やは、姑《しば》らく仮すに時日を以てせられんことを請う。新聞記者生活三十余年、しかも到るところに孤軍奮闘の大悪戦を続け、今漸く囲《かこみ》を潰《つい》えて帰り来り、遥に一百里程塁壁の間を顧れば、我剣は折れ我馬は倒れている。かくして彼はあわれにも秋風屍《しかばね》を故郷の山に埋むるや否や。

と記したあとに、

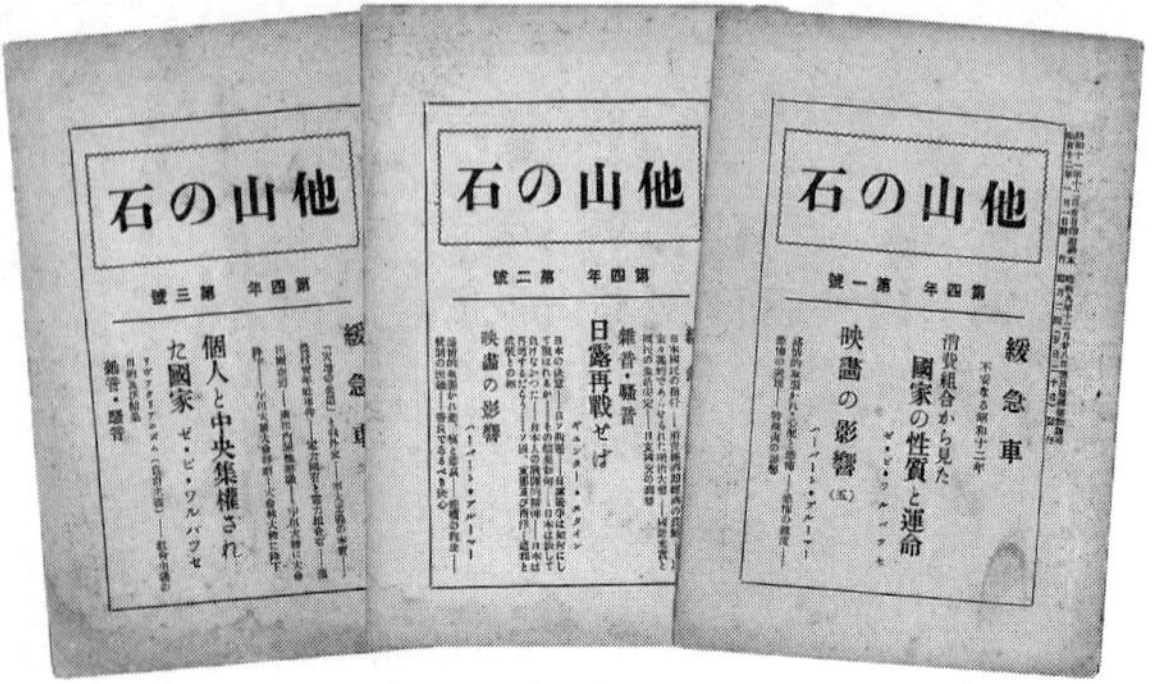

個人雑誌『他山の石』

蟋蟀《こおろぎ》は鳴き続けたり嵐の夜

という、悠々の数多い句作のなかでも代表作のひとつに数えてよい一句をそこに添えることで、その心中を吐露している。

前年の六月以来、もっぱら洋書の抄訳によって自己を語らせようとしてきた悠々が、それだけでは居られない、ある危機感を内に抱いて一歩前にすすみ出ることを決意したさまが感じられる。緩急車欄が設けられたその月、貴族院で菊池《きくち》武夫《たけお》が起って美濃部達吉の天皇機関説に攻撃の火蓋をきったことが、ここに思いあわされてくる。「記者生活三十余年」の経験から、前に出れば撃たれることは重々承知していた。しかし、嵐の前に生けるものすべてが声をひそめるとき、声をかぎりに鳴きつづける蟋蟀に己れを擬せずにはいられなかった。その前途や、また多難であった。

果たして、翌三月、「広田外相の平和保障」なる緩急車欄が、「反戦宣伝煽動」の廉で発行禁止の通告を受ける。四月、「逆戻りしつつある時代」が「皇室尊厳冒瀆」の理由で七ページ削除の処分となる。そして五月には、A・クローズの「外人の観た荒木大将と林大将」が抄訳としては初めて、「対満行動誣謗」の刻印で発行禁止処分となる。

太田雅夫氏の試算によれば、『他山の石』発禁・削除処分は都合二十七回、およそ六冊に一冊が処分の対象となり、月二回刊であるから、悠々は三カ月に一回のわりで愛知県特高課に出頭を命ぜられたという勘定になる。

三

わたしは初めて『他山の石』のバックナンバーをめくっていったとき、ひとつじつに奇異な印象にとらわれたことがある。最初、巻頭には「名古屋読書会設立趣意書」が掲げられていたのだが、いつしか突然「五箇条の誓文」が掲げられはじめ、それはやがて「国民精神の顕現」と題する「教育勅語」の一節に代り、さらに「国民精神の顕現」なる題がやがて「臣道の内容」という題に代っていくのである。

わたしは昭和十三年(一九三八)小学校に上がり、やがて「小学校」は「国民学校」に改題されるなかで、「歴代天皇御名《ぎょめい》」、「教育勅語」、「青少年学徒に賜わりたる勅語」、さらには「大東亜戦争の詔勅」「軍人勅諭」を毎日毎日暗誦させられた悪しき記憶がある。(なぜか、「五箇条の誓文」はカゲがうすかったことも奇妙だが。)その悪しき記憶そのままに『他山の石』の巻頭に掲げられた「五箇条の誓文」と「教育勅語」が目に入るや、「ブルータスお前もか」と、いくぶん眉しかめる思いにとらわれたものだが、次の瞬間すぐに、いやこれは、悠々が悪戦苦闘のなかで苦しまぎれに用いた防御の知恵としての「楯《ガード》」であったのではないかと思い直してみた。

だが、悠々の悪戦苦闘にややたちいってみれば、それが浅薄な思いであったことに気づきはじめる。たしかに、テキに備えた「楯《ガード》」の意味がそこにこめられていることは事実だ。少なくとも、『他山の石』の会員愛読者に向けたものであるならば、なにも毎号巻頭にそれを掲げる必要はないだろう。それは明らかに、「新聞紙法」という杓子定規をふりかざして検閲の刃《やいば》をむけてくる特高の若僧に向けて、「テメエラ、まずこれから読んでみろ」と、悠々は「五箇条の誓文」や「教育勅語」を言論のテキに武器として利用したにちがいなく、さらにはまた、あの信州郷軍同志会に代表されるワカラズ屋たちに向けての楯として利用したにちがいないとも思われる。彼らは、「関東防空大演習を嗤ふ」がどこからみても新聞紙法に抵触するものでないことをみてとるや、関東防空大演習にくだされていた「御沙汰書」を錦の御旗にして攻めてきたではないか。目には目をだ。

しかし、さらにもう一歩ふみこんでみれば、楯としてそれらの文言を掲げた時代の背景に目をそそいでみる必要を感ずるのだ。

『他山の石』の巻頭に「五箇条の誓文」が突然現われるのは、二年目に入った昭和十年(一九三五)五月二十日発行の号からだ。たしかに、三月五日号、四月五日号、五月五日号とたてつづけに発禁あるいは削除処分が行われていることからみれば、右にのべた防御の色彩濃いことがみてとれる。だが、歴史の彼方からはもうひとつの文脈が浮き上がってもくる。

昭和十年二月十八日、貴族院で菊池武夫という将軍議員が突然起って同僚議員であるはずの美濃部達吉を指さしながら、激烈な「天皇機関説攻撃」の質問演説を行った。雑誌『エコノミスト』はこれを「羽織ゴロ的放言」と評した。演説のシナリオは狂信的天皇主義者蓑田胸喜《みのだむねき》の筆で書かれたものだったからである。貴族院の議場は、歴史の流れがどのように危険な淵にのぞんでいるかもわからぬ老人たちの無責任な喝采にあふれた。一週間おいた二月二十五日、一身上の弁明のため登壇した美濃部達吉は学生たちに説ききかせるような調子で、臆するところなく自説を披瀝した。それを『朝日新聞』は、次のように伝えている。

条理整然所信を述ぶれば、満場粛《しゅく》としてこれに聴き入る。約一時間にわたり雄弁を振い、降壇すれば貴族院には珍らしく拍手起る。

拍手は、小野塚喜平次《おのづかきへいじ》、伊沢多喜男《いさわたきお》、織田萬《おだよろず》、田中館愛橘《たなかだてあいきつ》らの学識派議員のあいだから起こったものであった。学術論争のレヴェルで菊池武夫が美濃部の敵たりえぬことは明らかだった。にもかかわらず、政治の気流は菊池に有利であるのが昭和十年の歴史的現実だ。三月四日首相岡田啓介《おかだけいすけ》は問い詰められて天皇機関説に反対を表明、三月二十日貴族院は政教刷新に関する決議案を満場一致で可決、三月二十三日衆議院で国体明徴決議案を満場一致で可決、四月二十三日には帝国在郷軍人会が天皇機関説排撃のパンフを作って運動にのりだしている。美濃部はこれらの外圧で次第に苦境に追いつめられていった。

このような逆流に抗して、『他山の石』の四月五日号の緩急車欄に悠々は、「穂積対一木の憲法論」を書いて、自分が大学時代に穂積八束、一木喜徳郎両教授から憲法論、国法論を学んだこと、初心者は穂積教授の堂々壮重な講義に魅せられたが、「学理の粗《そ》笨《ほん》」に気づいたものたちは、「国家は一の事実である」という命題から出発する精緻な一木教授の国法学に傾倒していった体験を語っている。いうまでもなく天皇機関説の美濃部達吉は、一木喜徳郎の国法学を発展させたものであった。

ついで五月五日号の緩急車欄は時事を論じて「軍人や司法官が時めく時代、それは決して感心すべからざる時代」だと指摘したのち、

> 今日の日本には、徳川時代のそれのような鎖国主義者はいないけれども、漫《みだり》に皇国の精神を高調して、精神的に太古の昔に還えらんとしつつあるものがある。五カ条の御誓文に背いて、広く智識を世界に求めざらんとする鎖国主義者がある。従って、万機を公論によって決せず、自己階級の偏見によって、これを決せんとするものがある。そしてこれが為にアメリカから、ヨーロッパからも排斥されんとしている。これが非常時なのだ。

と指摘している。『他山の石』の巻頭に「五箇条の誓文」が掲げられるのは、この次

の号からであることをみれば、それは美濃部達吉の天皇機関説受難にむけて、援護射撃しようとする悠々の意図を示すものと理解することができる。それは単に、『他山の石』の相つぐ発禁処分に対する自己防衛の手段としてのみではなく、『他山の石』が昭和十年代にくり広げていくであろうペンの戦いの軍旗として、より積極的な意味をこめて掲げられたのだと、わたしは思わずにはいられない。美濃部達吉の受難は、美濃部一人のものではなく、桐生悠々の受難をも意味する。五箇条の誓文は、高まるファッショ的潮流に対して結集できる最大公約数のシンボルとして掲げられたものとみてよい。哀しいことに、高まるファッショ的潮流に対して、〝憲政擁護〟の叫びがスローガンにはなりえないほど議会の腐敗が進行していたこと、そして、〝帝国憲法〟もまたファッショ的潮流を抑止する有効性を持っていなかったことだ。いや逆に、〝帝国憲法〟の性格ゆえに、ついに健全な議会制度が確立されなかった歴史の時間のなかでこの国のファッショ的潮流は育まれてきたといってよい。何で〝憲政擁護〟のスローガンが有効たりえようか。

すでにみたように、乃木殉死を批判して、「陋習打破論」を書いたとき、悠々は「五箇条の誓文」を近代日本の政治原理として闡明《せんめい》した。その確信の座標は、四半世紀を経過してなお、悠々のなかでは微動だもしていない。そこに、桐生悠々と『他山の石』の抵抗の強靱さを認めることができるだろう。高まるファッショ的潮流に対して、「五箇条の誓文」を軍旗として掲げたとき、その旗のもとに同じ志を抱いた人々の結集を彼は考えていた。

その年六月二十日、悠々は通常号の倍のページを使って創刊一周年記念号を出し、「過去一年を顧みて」と題する巻頭言のなかで、次のように言っている。

事業は、実行は組織を必要とします。だが、組織は人の言論を封じます。当《あた》り、障《さわ》りがあるからです。だが、本誌の如く独り往くものには、そうした心配はありません。私は今こうした自由な精神的生活を享楽しています。読者諸君に冀《ねが》うところのものは、諸君もまた来って、私と共に、この自由な精神的生活を享楽せられんことであります。

この記念号には、水野《みずの》広徳《ひろのり》や寮佐吉《りょうさきち》など最後まで『他山の石』に協力した筆者を含めて多数の投稿が掲載されているが、そこに昭和十年の悠々の肖像が読者の筆で描かれている。「日本一の緩急車」という一文で堀田茂三郎が書いている。

私は新愛知の緩急車が大すきであった。今でも忘れられぬ。桐生主筆は代議士に落選して、名古屋を去った。信州でメートルをあげているうちに、防空演習の批評が祟《たた》って、愚な軍人達を尻目にかけて、又名古屋へ帰られた。……桐生氏はいつも悠々としてニコニコと、太平楽な態度で、吾々に接して、常に社会人心を指導せられる。この頃も名古屋咢堂《がくどう》会で、尾崎先生と並んで、吾々数百人の会員を指導せられた事は実に有難い。今、日本中で思う存分に、自己の主義主張を卒直に述べて、世道人心を指導せられる人々で、最も大切な人物は、尾崎先生と桐生先生の二人だという事を深く感銘した。

「碧南の百姓より」と題する柴田義勝の筆は悠々を次のように描いている。

先生と他山の石、即ち洋書とは、ずい分と深い因縁の事と存じます。私が新愛知新聞にいた頃、つねに洋書を抱えて出社され、社説の執筆と、洋書を読むことが、先生一日の仕事でした。先年私が長野市に先生をお訪ねした時も、やはり洋書にうずまって読書しておいででした。……新愛知時代、信濃毎日時代、そして今日の他山の石においても、先生の立場は一貫していて微動だにしていない。昨日は自由思想家、今日は社会主義者、明日はファシズムといった調子に飛び歩く連中や、自分の主義も思想も良心も一切を「サラリー」の祭壇に捧げて、知的売淫の生活をしている連中に、先生の爪のあかでも煎じて呑ませてやりたい。

〝いま日本に、自分と同じような人間が七人いて、『他山の石』と同じような雑誌を七人の人間が出していたらなあ〟という意味のことを、悠々が周囲に洩らしたのはこのころのことだろうか。七人の桐生悠々がいたら日本の進路を変え得たとは思わないし、事実、矢内原忠雄《やないはらただお》の『嘉信』や正木《まさき》ひろしの『近きより』といった個人雑誌もあって奮闘したし、悠々の周囲にも『時局』という個人雑誌をいとなむ石田秀人《いしだひでと》というような青年もいた。

だが、〝七人の桐生悠々〟ということばの算術的な意味とはべつに、そこに悠々のべつの願いが読みとれる。一冊の『他山の石』が会員五百の声を結集し、七人の悠々が三千五百の声を結集し、三千五百の声がまたそれぞれに五百の声を結集していったら、という希《ねが》いは、反ファッショの国民戦線につながる一縷の細い希望として、悠々のなかにあったにちがいない。しかし、この国に、反ファッショ国民戦線の成立する基盤はなかった。悠々はひとり孤塁を守っていく以外にない。

四

昭和十一年(一九三六)、第三年目を迎えた『他山の石』の第五号には、「五箇条の誓文」と並んで、突然「明治十五年軍人に賜わりし勅語」の「忠節、礼義、信義」の項が巻頭に掲げられて、わたしをぎょっとさせる。しかし、それは二・二六事件の直後三月五日発行の号であった。そして、「緩急車」欄に悠々は「皇軍を私兵化して国民の同情を失った軍部」と大書し、時局に対して次のように痛言している。

だから、言ったではないか、国体明徴よりも軍勅明徴が先きであると。だから言ったではないか、五・一五事件の犯人に対して一部国民が余りに盲目的、雷同的の讃辞を呈すれば、これが模倣を防ぎ能わないと。だから、言ったではないか、疾《と》くに軍部の盲動を誡めなければ、その害の及ぶところ実に測り知るべからざるものがあると。だから、私たちは平生軍部と政府とに苦言を呈して、幾たびとなく発禁の厄《やく》に遇《あ》ったではないか。国民はここに至って、漸《ようや》く目さめた。目さめたけれどももう遅い。

この号に載ったニューヨーク・タイムスの記者E・J・ヤングの「強くして弱き日本」が「対外国策の誹謗曲説」のゆえにまたまた二十九ページ削除の処分を受けた。昭和十一年から十三年にかけて、悠々の生活は、検閲制度との闘いであったといってよい。

『他山の石』は悠々の個人雑誌であった。しかし、それは三百から四百五十の読者の購読料によって支えられる、小なりといえども公器であった。しかも一冊五十銭という、当時にあっては、かなり高価な誌代を読者から仰いでいる。それが検閲にかかって読者の手もとにとどかぬことが重なればどうなるか。一般の読者は離れていくにちがいない。情勢が厳しくなれば、『他山の石』の台所にも、それは直接ひびいてくる問題であった。発禁になると、次号で「筆禍に付謹告」を掲げて読者の諒承を求めたが、謹告ののった号が発禁になって、「亦又《またまた》筆禍に付謹告」と掲げねばならぬていたらくであった。

昭和十二年の年頭に「不安なる昭和十二年」なる所感をのせたが、そのなかで悠々は、

「昭和」！　お前は今日の時局に何というふさわしからぬ名であるか。尤《もっと》もお前も最初は明朗であり、その名通りに「昭」であり、「和」であったが、年を重ぬるに従って、次第にその名に背《そむ》き、五・一五事件以前に於て、早くも「暗」となり「闘」となった。そして昨年の二・二六事件以来は、「暗」は益〻「暗」となり、「闘」は益〻「闘」となった。無論私たちは安価なる平和論者ではない。時によっては、大に戦わねばならない。だがその戦は今日の如き「暗闘的」であってはならない。……明治天皇五箇条の御誓文にいうところ「万機公論」的の争、上下心を一にして盛に、これを行う「経綸」的の争、「官武一途庶民に至る迄各其《その》志を遂げ人心をして倦《う》まざらしめんが為の」戦であらねばならない。だが、今お前が私たちに強いている戦は全然これに反している。具体的なる実例……を掲ぐれば、本誌は直に頒布《はんぷ》を禁止されるだろう。何という陰惨な、何という不愉快な時代であるか。

「昭和」よ、お前は今日から、その名を「暗闘」と改めよ。これが、お前に最もふさわしい名である。

叩きつけるような調子で、悠々は「昭和」に向かって「暗闘」と改元せよと迫っている。昭和二年に生まれた十一番目の子どもに、「昭男」と命名し、昭和五年に生まれた十二番目の子どもに「和男」と命名した悠々が。

この年六月、行きづまった時局を打開するべく、近衛文麿《ふみまろ》を擁してできた内閣に、かつての悠々の前任者風見章が書記官長として坐るが、翌七月七日に起こった蘆溝橋事件を果断に収拾する力は近衛内閣になく、逆に軍の自己増殖運動に似た戦局の拡大に引きずられつつ、戦火が上海へと拡がるなかで八月には「国民精神総動員実施要綱」を閣議決定し、老記者の時局への憂慮をよそに、街には「愛国行進曲」の歌声が無邪気に流れた。

この年、悠々の筆禍は最も頻繁で、発禁・削除は七回に及んでいる。十一月に二十号、二十一号がたてつづけに発送郵便局で全部差押えられたとき、悠々は次のように書いた。

> 貧乏世帯の私にとっては、大なる損害であり、大なる苦痛であるのは申すまでもありませんが、我出征兵士が北支の野に於て、上海の町に於て、生命を賭して戦っているのに比しますれば、この損害、この苦痛は物の数にも入りません。

かつて『信毎』紙上でマルキスト批判の筆をとっていたころ、悠々は、『中央公論』『改造』に「〇〇〇」「×××」の多い文章を発表している彼らに「このように台なしにされる論文を、この種の雑誌に掲げて、それで不平をいわず、黙っているのが不思議に堪えない」と弥次をとばしていた。その悠々が、いま「〇〇〇」「×××」の伏字を使って「死んだ文章」を書かねばならぬところへ追いこまれてきていた。

『他山の石』がもし単に悠々の言いたいことを載せるための個人雑誌であったならば、もはや言いたいことが自由に書けぬ以上、その雑誌の生命は尽きたものというべきだろう。しかし、やめるわけにはいかなかった。第一に、悠々は言いたいことではなく、言わねばならぬことを書いていたからであり、第二に『他山の石』の発行には、悠々一家の生活がかかっていたからである。

昭和十三年(一九三八)一月から、『他山の石』の巻頭からは五箇条の誓文が消え、それに代って「国民精神の顕現」と題して教育勅語の一節が掲げられるようになった。三年前の春、五箇条の誓文は高まりくるファッショ的風潮に抗する国民戦線のための軍旗として掲げられた。いまそれがポールから引きおろされていくのは、すでに軍旗としての象徴性をそれが持ちえぬまでに、時代がはげしく動いている証左ともとれる。

近衛内閣は「国民精神総動員実施要綱」を閣議で決め、「国家総動員法」が公布されていくというなかで、悠々が「国民精神の顕現」として教育勅語の一節をもってこれに対置したのは、明らかな後退であった。悠々は日記をのこさなかったが、たまたま、昭和十三年夏の日録が、『他山の石』にのせられており、そこに後退を余儀なくされていく悠々の日常のひと駒《こま》が描かれている。

八月二十日　今日は二十日で、本誌の発行日である。だが、印刷所からはまだ雑誌が届けられない。従来の経験によると、雑誌の発行日がおくれると、不思議にも発売が禁止される。今度も発売禁止の厄に遇うのではないかと、軽い不安を感ずる。だから、原稿は成るだけ早く印刷所に渡している。今度の原稿の如きは、発行期日十日前に早くも印刷所に渡した。だが、印刷所の都合で、発行期日に雑誌ができあがったのは稀だ。期日を間違えないようにと、印刷所に注意を与えようと思っても、払いが悪ければ、そうした督促がましいこともできないと、我慢するより外はない……金のないのは、実につらい。

八月二十一日　今日は第三日曜日に当るので、印刷所の公休日だ。雑誌は届けられないだろうと思うと、俄《にわか》に心細い気持になる。朝飯が終ると、いつもの日課に入って、付近の小さい池に魚を釣りに出かける。……家に帰ると、不思議にも雑誌が届られているので、助かったと思った。妻はこれに帯封するに忙がしかった。昼飯を食っていると、いつも来訪する勝川警察署の特高係が来訪した。と同時に、私は偵察に来たのだなと思った。……詮方なくこれと応接して雑談を交える。別れに臨んで、一部雑誌を要求されたが、いつもなれば進んでこれを与えてもよかったが、いつもの通りの部数を刷りましたかと訊かれて、さては役目の為に来たのだろうと思って、厭な気がした。と同時に、今度の発禁は既定の事実だなと予感された。

午後四時頃だったと思う、雑誌の帯封や郵便切手の貼用やらが終って、守山の郵便局へこれが届けられたのは。

八月二十三日　朝八時の郵便に友人からの第四種郵便が届いた。この友人は雑誌を受取ると直ぐさまこれを受取ったことを、従来葉書で通知してくれた人である。だが、前号から私が、私自身に宛てて雑誌を発送し、この到着と否とによって、発禁か発禁でないかを知る手段をとったので、此《この》友人から右の通知が来ないとて、心配する道理はないのであるが、妻はこの関係を忘れて「やられましたねえ」と言った。「昨日は午後遅く出したのだから、午後の郵便を見なければ、速断できない」と言って、私は用をたしに名古屋市に出かけた。この日、私は愈々《いよいよ》決心して、洋服に下駄穿《げたばき》で外出した。敢て国策線に沿う訳ではなく、この老ルンペンには靴が買えないからである。靴を修繕する費用にさえも窮しているからである。それでも、名義上、国策線に沿うていると思うと、何だか心地がよい。もろもろの靴を穿いたともがらを睥睨《へいげい》して名古屋市中を闊歩《かっぽ》する。……午後二時配達の郵便にも、雑誌は着かなかった。だから発禁されたに相違ない。そしてこの事実は午後四時頃、守山町駐在所の巡査を通じて、愈々発行者たる私に通知された。

このときの発禁理由は、「緩急車」欄の「あさましい国家とこれに巣くう人間」が「反戦思想醸成」と断定されてのことだが、九月二十日号の「緩急車」欄「大陸経営の内容如何」が発行の事前にまたまた「反戦思想醸成」で差押えられるや、悠々はさすがに、「記者の敗北は既定の事実」だと前置きして、

唯この場合、記者に残されているのは、地下に潜《もぐ》る運動である。だが、この運動をなすべく、彼は余りに老《おとろ》えている。その資格がない。

と彼はつぶやく。しかし、これを老人の繰り言ととるわけにはいかない。悠々は発禁・削除に遭うと、次号で「筆禍に付謹告」としてこれを暴露することを忘れない。〝謹しむ〟のは、雑誌を届けられなかった読者に対してであり、「謹告」には検閲当局に対する怒りを同時にもりこんでいる。〝地下に潜る以外にないではないか〟というのも、六十五歳の老記者の権力への抗議のことばと読む必要がある。

五

いま、わたしの机上にある『他山の石』のバックナンバーを通覧して気づくことは、悠々が「記者の敗北」を語った昭和十三年(一九三八)十月までの『他山の石』のバックナンバーは、文字通りの満身創痍の状態といってよい。差押えられたものの何冊かがそのまま欠号になっているのは、たぶん発行者の手元にさえ残らなかった結果であろう。辛うじて手元に保存されていたものには、悠々の筆蹟で「差押」と記入されており、印刷所にたまたま製本されずに残っていたらしいものがそのまま補充されている場合もある。「〇〇〇」と伏字のちりばめられたそのバックナンバーを通覧していくと、悠々の検閲との戦いのあとが、そのままましのばれる。

ところが、「記者の敗北」をその誌上で語った翌月、昭和十三年十一月からのバックナンバーは、昭和十六年（一九四一）七月まで発禁による一冊の欠号もなく完全に保存されている。いったいこれは、どうしたことか。理由は簡単だ。昭和十三年十一月から、悠々は発禁処分による打撃を避けるため、雑誌になる前のゲラ刷を提出して、県特高課の事前検閲を受けることにしたからである。その結果、まがりなりにも、〝発禁〟というテキの攻撃だけはかわすことができ、『他山の石』は無事、全号そろって後世にのこされた。

だが、そのバックナンバーを見れば、「事前検閲」という名の陰微で巧妙な言論封殺の実態を知ることができる。差押えがなくなり、「○○○」「×××」がページからなくなった代りに、検閲にふれた部分はばっさりと削られて白いページとなって出来上がるのである。

悠々は自主規制で「○○○」「×××」のような伏字を使った文章を「死んだ文章」と呼んだが、それでも、読者には「××」は「軍部」であり「○○○○」が「侵略戦争」というように、前後の文脈《コンテキスト》からまがりなりにも文字を生き返らせることが可能だった。しかし、事前検閲という暴力は、ページそのものをまっ白にして死にいたらしめた。しかも、悠々が最も「言わねばならぬこと」として書いたページがずたずたに引き裂かれるのである。もはやそこでは、「陋習打破論」以来、読者たるわたしを魅了してきた悠々のあの寸鉄人をさす筆の冴えと魅力は、掬《きく》すべくもないほど、抑えこまれてしまっている。奴隷のことばとその論理を駆使してまでも読者に語りかけるには、この老記者の反骨は、あまりに貴族的でありすぎたともいえる。

だが、「言わねばならぬこと」が最小限しか言えぬにしても、「やめる潮どき」ということばは、彼がかつて〝半年病患者〟〝三年病患者〟として転々と職をかえたときからすらも、彼の辞書にはなかったはずである。

かつて信毎での先任者であった山路愛山は「過去＝歴史」を語らせて第一人者であったが、悠々は歴史に興味を示しはしない。「今日＝現実」と「明日＝未来」を語るのが、悠々の本領であった。その悠々が、創刊満五年を迎えた『他山の石』の昭和十四年（一九三九）六月二十日号から、「思ひ出るまゝ」と題する自伝の連載を思い立った背景には、事前検閲による腹ふくるる思いが重なっていたかもしれぬ。だが、それだけだったとは思えない。人生の総括のときが、近いことを、彼はひそかに考えていたのではないだろうか。事前検閲によって、翼を半ば失った昭和十四年の『他山の石』で、自伝のページが光っている。そして、その年の終りの号で、悠々は一年を回顧したあと、こんなにまで遠慮した筆を執っているのに、尚その上に遠慮せよでは、文章報国は不可能である。何ぜなら、文章報国は引きずられていては、その目的を達せず、引きずって行かねばならない事業だからである。

とつぶやくことを忘れていない。昭和十五年(一九四〇)は、日中戦争で行きづまった国内の空気をかきたてるため、〝紀元二千六百年〟の祭典が、政府の笛太鼓で、くり広げられていくなか、悠々の記者生命の最後のほむらが燃えあがっていく。事前検閲の呪縛をおし返すように、前年に比べて昭和十五年のバックナンバーには、白いページが目立てば目立つほど、読むものに悠々の気力が伝わってくる。創刊七年を前にして、

顧れば、この七年の経過は本誌にとって実に経営惨憺たるものであった。当初維持会員及び普通会員であった人たちにして、或《あるい》は途中軍需工業に転業し、又は軍事行政に関係された為に、本誌を助けることをその筋に気がねして、或は職業上愛知県を去られた為に、或は本誌の記事を理解し得ず、地方的の記事論説殆ど皆

釣りに行く晩年の悠々

無なる為に、順次脱会されたもの少からず、死亡された為に、自然脱会者となられた方すらもまた少からず、その度毎に私はこの小さい胸を痛めずにはいられなかった。

と述懐するように、『他山の石』の経営はその購読者の減少にも悩まねばならなかった。健康維持のために始めた百姓仕事が、生活維持へと、その意味を変えていた。趣味の釣やかすみ網は、家族の栄養源へと、その意味を変えた。広い庭に昔植えた果樹が、ビタミン源として子どもたちの成長に役立った。その庭には多いときには数十羽の鶏とアンゴラ兎もいた。戦時中の耐乏生活が桐生家には七年早くやってきたとでもいうべきであった。

早朝二時乃至《ないし》四時に起きでて読書と執筆をすます生活に変りはなかったが、炭のない冬の夜明けは、老体にこたえた。そんななかで、悠々は、飽くことなく、〝日支事変〟の早期収拾について、統制経済の愚について、全体主義の非人間性について、新体制運動の時代錯誤について、日米戦争の危険について、要するに限りなく押しよせてくる「言わねばならぬこと」を書きつづけた。

かつて、

マルクスを捨ててカントに還れ秋近し

と詠った悠々は、いま、

冬枯れつ「わが戦」の真最中

と詠って、その意気を示した。

かつて悠々は、「歴史の必然性」でのみ現実をとらえ、自由意志を否定するマルクシズムを批判した。この「自由意志の信奉者」は複数の目をもっていたといってよい。一方で、彼は日米戦争の必然を見通しつつ、歴史の偶然性をも一方でみた。その歴史の偶然性あるがゆえに、絶望的ともみえる時局にむけて批判しつづける己れの言論に、彼は最後まで己れを賭け得たのでもあった。己れを賭けたその彼方に彼は第二次大戦はおろか、第二次大戦後の軍縮をすら展望しえていた。しかし、戦争犯罪をになう人々が裁判にかけられるであろうことを予見しえながら、それを確認するまで己れの生命が保たれぬであろうことも、悠々はひそかに見ぬかねばならなかった。

昭和十六年(一九四二)の年頭にあたって、悠々は、「国民精神の顕現」なる教育勅語に替えて、彼自らが次のように書いた。

時局は二重にも、三重にも、重大、困難、不安、不明、焦燥、憂慮等、等を加え来り示したので、今年も国民としては無論の事、世界の公民としても、喜んで新年を迎うることが不可能です。従って年賀の廻礼は固《もと》よりの事、賀状を差し上げることも差控えます。右悪しからず御諒承を御願いいたします。

師走の街に、「政治は十五円也。なぜなら、米がなくてクエン、酒に水が入っていてヨエン、炭がなくてニエン。合計十五エン」、そんな暗喩《あんゆ》が流れていた。年頭の次の巻頭言の三行が事前検閲の法網をくぐって活字に組まれた。

私たちはここに、屠蘇《とそ》の酒に酔い得ず、又雑煮餅を食い得ない戦争第四年の春を迎えた。無論酔い得ないのではなく、又食い得ないのではない。振古未曽有《しんこみぞう》なるこの国歩難に直面しては、酔うことを謹み、食うことを慎まねばならぬからだ。

こう書いたのは、印刷等の日程からいって、昭和十五年(一九四〇)暮のことだったにちがいない。あけて翌昭和十六年、新聞の片隅に五つの自由を謳いあげたルーズヴェルトの年頭教書が載っているのを読みながら、七草がゆに箸をつけようとしたとき、悠々は喉《のど》に異変を感じた。

記者は七八年前から嚥下《えんか》困難を感じ初めたが、最近に至り、それが甚しくなった為、専門の医師に診察を請うと、慢性の咽喉カタルで、なかなか治らない。長期戦争だというので、その儘《まま》、うっちゃっておくと、七日これが急性と一変し、発熱した上に、呼吸さえも困難になった。

長い間の前癌症状が、いま、桐生悠々の肉体に小さな爆発を起こしたのだ。特高の検閲が前門の虎ならば、喉にひろがる癌細胞は後門の狼であった。みえぬ二つの敵と、渾身《こんしん》の力をふりしぼって悠々の最後の闘いがはじまる。

昭和十六年(一九四一)二月五日の『他山の石』は巻頭の教育勅語を「臣道の内容」と改題した。近衛首相の言う「臣道の実践」があまりにあいまいで、「これでは臣道も泣いてしまおう」からであった。この号の巻末に掲げられた「世界の石油産額表」を一覧すれば、日米戦争の不可なることが一目瞭然であるはずだった。ついで二月二十日号の緩急車「米国は戦わず」は事前検閲でズタズタにきざまれたが、ユーゼン・スタリーの「テクノロジーの傾向と惑星経済」は将来の宇宙旅行を射程に入れた新鮮さで読者をおどろかす。

五月二十日、六月五日と、巻頭言が事前検閲で意味不明のアフォリズムと変貌し、六月二十日の雑音・騒音欄は二ページまるまる白紙となった。

どうです、前号の本誌にはアンナに多く空白な部分がありました。だんだん暑くなりますので、これも涼しくていいでしょうし、又「他山の石」らしいところもあって、いいとあきらめて下さい。

と、苦笑する悠々の表情には、絶望を超えたある明るささえ感じられる。なぜか六月二十日号からは、裏表紙の広告まで剝《は》ぎとられてしまっている。事前検閲の特高と老記者との対立が沸騰点に達していることが推測される誌面だ。そして、ついに、七月二十日号をもって、老記者は事前検閲という奴隷の鎖を自ら断ちきることを決意する。

従来本誌は発行前に於て、原稿のゲラ刷を愛知県特高課の検閲課に持参し、予《あらかじ》め検閲を請い、不穏なりと指摘された部分を削除して、発行し来ったが、検閲課と記者との立場及び思想が全然異っている為、今回同検閲課では煩《はん》に堪えずとしてその検閲を拒絶し、記者もまた毎月二回県に出頭して、検閲を請うの煩に堪えざる為、本号よりその検閲を経ず、自由にこれを発行することにした。

「自由意志の信奉者」としていつかは断ち切らねばならぬ屈辱のくびきであった。しかし、そのくびきを脱したとき、『他山の石』が生きのびられる保証のないことを、この老練の記者が知らぬはずはなかった。果たして、事前検閲を拒否して出した八月五日号は、インクも乾かぬその日、待っていましたとばかり、当局によって押収され、未製本の一部が辛うじて悠々の手元にのこされたのみであった。

桐生悠々は、二つの生命の死期が目の前に迫っていることを、同時に予知した。昭和八年に、十二年後の東京の焦土を予知し、昭和十年に五年後の第二次大戦を予知し、

他山の石

臣道の内容

父母に孝に兄弟に友に夫婦相和し朋友相信じ恭儉己を持し博愛衆に及ぼし學を修め業を習ひ以て智能を啓發し德器を成就し進で公益を廣め世務を開き常に國憲を重じ國法に遵ひ一旦緩急あれば義勇公に奉じ以て天壤無窮の皇運を扶翼すべしこの道は古今に通して謬らず中外に施して悖らざるべし

本誌の革新

『他山の石』最終号の１面

さらに戦後の和平までも予知したそのとぎすまされた叡知《えいち》で、己が生命と己が雑誌の生命が死に瀕していることを予知できぬはずはないではないか。倉皇《そうこう》のうちに、未完の自伝にしめくくりのことばを置いたことで、悠々の意中を押し測ることができる。

にもかかわらず、この老記者には、最後の最後にふりしぼらなければならぬ渾身の力が求められている。八月五日号の『他山の石』が差押えられるや、彼はただちにそれを埋めあわせるため、次号の編集にとりかかるのだが、八年つづけてきた雑誌の形式を拭いすてて、タブロイド判ながら六ページの「新聞」に姿を変えて、『他山の石』が発行されたとき、新聞人桐生悠々は信毎退社以来じつに八年ぶりに、その故郷ともいうべき「新聞記者」に立ち戻ったのだ。誰よりも驚いたのは、検閲当局であったにちがいない。巻頭には「本誌

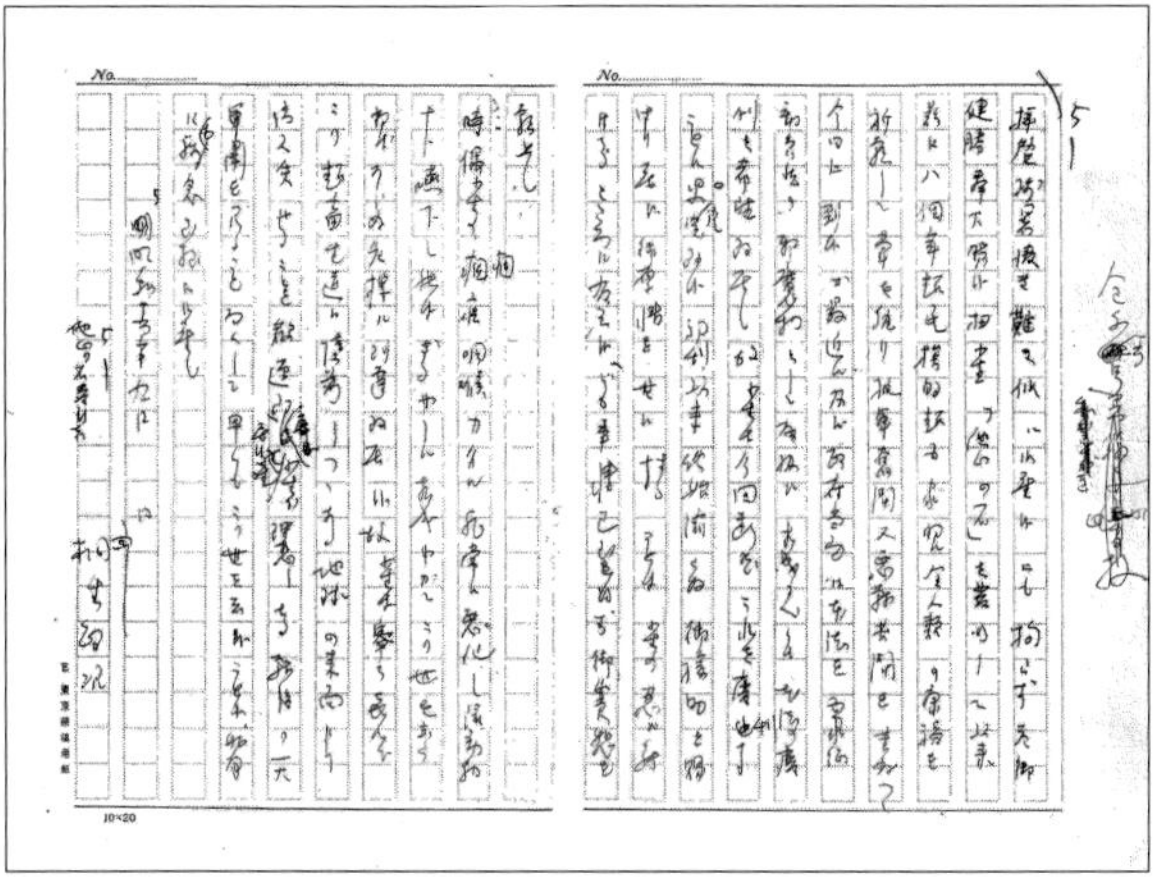

『他山の石』廃刊挨拶の原稿

の一革新」として今後もなお、事前検閲を経ることなく出しつづける決意が述べられていたからである。狼狽した検閲当局は、悠々のもとへ、廃刊を勧告する係員を送った。そのとき、悠々は最後にようやく勝利を収めたのだ。自ら敗退するのではなく、検閲当局の手を「廃刊勧告」で汚させたではないか。

そうだ、ここに至って初めて、桐生悠々の辞書に、「身を引く潮どき」という単語が書きこまれた。流動物すら何日も通らなくなった体に笞《むち》うつようにして、彼は妻寿々の炊《た》いた好物の赤飯を、痛恨ともいうべき感懐をこめてのみくだしたその日、八年間読みつづけてくれた『他山の石』の読者にあてて、次のような廃刊の挨拶を書いた。

拝啓残暑凌《しの》ぎ難き候に御座候にも拘らず益《ますます》御健勝　奉《たてまつり》大賀候扨《さて》小生「他山の石」を発行して以来玆《ここ》に八個年超民族的超国家的に全人類の康福を祈願して筆を執り孤軍奮闘又悪戦苦闘を重ねつゝ今日に到《いたり》候が最近に及び政府当局は本誌を国家総動員法の邪魔物として取扱ひ相成るべくは本誌の廃刊を希望 致居《いたしおり》候故《ゆえ》小生は今回断然これを廃刊することに決定致候初刊以来終始渝《かわ》らぬ御援助を賜はり居候御厚情を無にすることは小生の忍び能《あた》はざるところに有之《これあり》候へども事情已《や》むを得ず御寛恕を願上候時偶《ときたま》小生の痼疾咽喉カタル非常に悪化し流動物すら嚥下し能はざるやうに相成《あいなり》やがてこの世を去らねばならぬ危機に到達致居候故小生は寧ろ喜んでこの超畜生道に堕落しつゝある地球の表面より消え失せることを歓迎致居候も唯小生が理想したる戦後の一大軍粛を見ることなくして早くもこの世を去ることは如何《いか》にも残念至極に御座候

昭和十六年九月　日

他山の石発行者　桐生政次

　印刷に付された廃刊の挨拶が読者の手元にとどけられたその日、昭和十六年九月十日、桐生悠々は、急の知らせに遠く広島からかけつけた長男浪男の膝に抱かれて、六十八年の波瀾の生涯を閉じた。草深い守山の自宅に、蟋蟀《こおろぎ》の声がひときわ高く葬送をかなでた夜、北の空高く、明るくひとつの星が輝いたのを、わたしはみる。そのとき、廃刊の挨拶に対する発禁の指令がとどけられたことは、星の輝きに一層の明るさをますものとさえなった。

主なる参考文献

『桐生悠々自伝』（現代ジャーナリズム出版会、一九七三年）
『畜生道の地球』（三啓社、一九五二年）
『桐生悠々反軍論集』（新泉社、一九六九年）
『ペンは死なず』（前田雄二・時事通信社、一九六四年）
『桐生悠々』（太田雅夫・紀伊国屋新書、一九七〇年）
『市史年表　金沢の百年　明治編』（金沢市史編纂室、一九六五年）
『徳田秋声伝』（野口冨士男・筑摩書房、一九六五年）
『百年の歩み――信濃毎日新聞』（信濃毎日新聞社、一九七三年）
『大島宇吉翁伝』（新愛知新聞社、一九四二年）
『年表　信濃の歩み』（信濃毎日新聞社、一九七九年）
『近代日本総合年表』（岩波書店、一九六八年）
『信濃毎日新聞』　バックナンバー
『新愛知新聞』　バックナンバー
『他山の石』　バックナンバー（復刻版、不二出版、一九八七年）

＊記して感謝申しあげるとともに、バックナンバーからの引用などは原則として現代かな遣いにかえたことをお断わりします。

あとがきに換えて

〝超畜生道〟に堕落した地球に訣別して桐生悠々が昇天してからちょうど三カ月後、昭和十六年(一九四一)十二月八日、真珠湾奇襲攻撃をもって日米間に戦端が開かれた。結婚以来約四十年悠々と辛酸をともにしてきた妻寿々は遺された多くの子を育てつつ、名古屋郊外守山の家を守った。戦局は、悠々の予想にたがわぬ展開を示し、破局へと向かって歩みをとめなかった。

昭和二十年(一九四五)三月二十五日深夜、渥美半島の上空をかすめて中京方面に侵入したB29百三十数機の大編隊は、名古屋市街をことごとく焼きつくし、そのすさまじい絨緞《じゅうたん》爆撃はやがて北東の郊外守山地区に向けて進んだ。「阿鼻叫喚」のなか、防空頭巾の紐を固くしめ防空壕に退避していく隣組の人々の脳裡を、四年前に逝《さ》った老記者のおもかげが、ふとかすめた。老記者が十二年前に、『信濃毎日』の紙上で放った予言が、いまそのまま現実のものとなって迫っていたからである。

迎え撃つわが戦闘機のかげはなく、かすかな対空砲火の抵抗をもあざわらうかのように、B29の編隊は何ものにも妨げられることなく、彼らが戦略地図に描きこんだプラン通り、市街区をなめるようにくまなく焼いて進んだ。名古屋郊外の守山地区もまた、風前の灯に似た運命におののいた。不気味な音とともに、焼夷弾の雨が降りはじめた。ひとつの奇蹟が起こったのは、そのときだ。

漆黒の空に、二本のサーチライトが斜めに交錯し、青い光のなかに浮きでた灰色のB29一機が突然火を噴くのが、守山地区の監視哨から目撃された。あたるはずのない高射砲弾が炸裂したのだ。一瞬左に傾いた機体は、火を噴いたまま編隊をはなれ、きりもみになりながら流星のように落下していった。「やったゾ」という喚声が監視哨にあがった。

明けて三月二十六日の朝、硝煙のたちこめる焼跡にもどってきた守山の人々は、桐生家を中心とするその一画だけが、すっぽりと戦火を免れて無事な姿をのこしているのを目にして、またふと四年前に逝《さ》った老記者のおもかげが彼らの頭をよぎった。そのときほど、妻寿々にとって、悠々の霊が近くに感じられたことはなかったにちがいない。

戦中戦後をしたたかに生きのびた桐生寿々は昭和五十年(一九七五)十二月四日、多くの子と孫に囲まれて八十八年の波瀾の生涯を、名古屋郊外守山の自宅で閉じた。この空襲のエピソードが隣人の口から語られたのは、寿々の通夜の席でだった。

わたしが、桐生悠々の生地金沢を訪れたのは、もういまから十五、六年前のことである。金沢大学の藤田福夫氏、市史編纂室の殿田良作氏らから種々ご教示をいただいた。金沢に出かけた前後、そしてそれ以降、悠々長男浪男氏、三女紫さん、五男昭男氏から『他山の石』その他多くの資料を拝借するなどひと方ならぬお世話になった。性怠惰なため、拙著ができ上がらぬうちに、浪男氏を始め、貴重な談話をきかせていただいた親族の藤江とみきさん、塚原俊一郎氏も他界してしまわれた。

浪男氏のご子息浩三さんが、生前の祖母寿々の回想を八本のテープにおさめたものを提供くださり、文字に起こすのに富山良子さんの労をわずらわした。本書には多くを生かせなかったが、機会をみて形あるものにしたい。

そのほか、荒瀬豊、内川芳美、太田雅夫、坂本令太郎、鈴木正、野口冨士男、前田雄二各氏から多くのご教示をいただき、信濃毎日新聞社、中日新聞社、北国新聞社から資料提供を仰ぎ、金沢大学付属図書館、国会図書館、明治新聞雑誌文庫の蔵書を多数利用させていただいた。

以上の各氏、関係機関にお礼申しあげるとともに、本書の企画から執筆脱稿まで熱心な助力をいただいた岩波新書編集部の坂巻克巳さんに感謝申しあげます。

一九八〇年五月

井出孫六

［特別付録］

私にとっての《親子関係》

桐生昭男（桐生悠々 五男）

満ち潮に乗って「シジミ」採りの帆掛け船が、タモに似た鉄製漁具で川底を浚いながら、ゆっくりと遡行していく。名古屋市の西縁部を取り囲むようにして、伊勢湾に流れ注ぐ庄内川河口部は、塩の干満によって鹹水《かんすい》の往来する絶好の「ハゼ」釣り場であった。上流には、日本有数の窯業地帯を擁していたが、生活排水などで汚染されていなかったので、潮の流れは澄明そのものであった。

六十八歳になる老父と、十四歳の少年は、イトメやゴカイを餌にして、烈しい盛夏の日差しの下で黙々とハゼ釣りを楽しんでいた。一九四一年（昭和一六）八月初旬の頃であった。その年の初めから喉頭癌に冒されていて、死期の遠からぬことを悟っていた老父は、《薄倖の息子》である私の求めに応じて、それこそ最後の生命を振りしぼって行を共にしてくれたのである。日頃、健脚が自慢の父ではあったが、この時ばかりは下駄をひきずるようにして喘ぎあえぎ私の後を追っているみたいだった。病状の進行で、すでに食物をのみ下すことさえ困難であったので、ハゼ釣りに持参した父親の昼食は、茹で卵と菓子パン一個に牛乳が一本というお粗末なものであった。その僅少な食事すらも咳き込みながらやっとで嚥下《えんげ》する始末であった。

かつての釣り好き少年も、いつしか五十路の坂を上りつつあるが、この劇的ともいえる「親子」の交流が、鮮烈な記憶となって、今もって昨日のことのように甦ってくるのである。父は、このハゼ釣りの日から約一カ月弱の九月一〇日未明、波乱の生涯を閉じたのだった。太平洋戦争が始まる三カ月前のことであった。

未曽有の金融恐慌と言われた「昭和パニック」が起こった一九二七年(昭和二)、私は父五十三歳、母が四十歳という両親の晩年近くになって生まれた子供であった。現代ならば、さしずめ《間引き》される運命であったに違いない。当時、私には兄が四人、姉が五人厳存していて、おまけに父は失業中であった。いわゆる《貧乏人の子沢山》という世間一般の風刺は、私ども一家のためにあったというような大家族構成であった。

私にとっての「親子関係」という命題を、莫然とながら捉えられるようになったのは、学齢期直前の満六歳の初秋のことであった。信州のある地方紙で論説記者をしていた父親が、ある日、会社から上履(スリッパ)を風呂敷包みに忍ばせるように持ち帰った時から始まる。そして、母親が上履を見つけて、声をあげて泣き崩れたのを、私は傍らで呆然と眺めつくしていた。

一九三三年(昭和八)八月初旬、関東地区で大がかりな防空演習が実施された。論説担当の父は、新聞の「評論欄」に、防空演習についての自説を主張したのである。陸軍の主導によって実施された防空演習について、戦術的な分析をして、何より肝要なのは「防空」ではなく、敵機を本土上空へ入れないための「攻空」をもって、演習目的の第一義としなくてはならないとした。そして、将来もし、敵航空機による「空襲」が現実化した場合、惨禍の計り知れないことを暗に警告したつもりであったが、防空演習における天皇陛下の「令旨」を楯にとって、軍部は「非国民」というレッテルを張って強大な圧力を加えてきた。

いつの時代でもそうであるが、支配の側は個々の主張や行動を封じ込めるために、きわめて雄弁な言葉を用意しているものである。言葉によって「時の歴史」をまで押し込めてしまえるものと錯覚するのであろうか、「非国民」というレッテルに象徴されるように、私にとっての「親子関係」を云々するについても、「歴史」を抜きには語れないのである。

こうした経緯で、私ども親子が、住み慣れた信州から去ることになったのは、その年の暮れのことであった。底冷えの厳しい初冬の夜、ＳＬ特有の物悲しげな汽笛を、善光寺平に残して最終列車で、転居先の名古屋へ引き揚げてきたのである。

「明治生まれ」の多くの人がそうであったように、インデペンデントな気性が強かった父は、累を他人に及ぼすことを極端にきらって、強権に対決するには、単独の力でもってするのが最良と判断したようである。現代風に解釈すると、それ自体「ナンセンス」そのものであり、自らの墓穴を掘るに等しいといった生き方であるかもしれないが、子供の視座からすると、父の潔癖とも思える決意にはひたすら畏敬あるのみである。そして、この父の決意は、同時に母にとって粒々辛苦の必然的生涯であったのは言うまでもないことであった。

名古屋に落ち着いた一家は、たちまちにして生活に窮してしまい、父は老骨に鞭打って稼がなくてはならなかった。三〇余年の記者生活が骨の髄まで浸みついていたのであろう。時局柄不本意であろうとなかろうと、やはり文筆でもって糊口をしのがなくてはならなかった。小学校に提出する家庭調査書に記入した「著述業」という新職名であったが、その実は《潜在的失業者》であることに変わりはなかった。私家版小冊子を月二回発行して、友人や知人に押し付けるようにしてスタートしたのであるが、雑誌に掲載した時局批判が意外と好評で、最初のうちは結構それで食って行けたのである。

「差し押え」という言葉を知ったのは、小学校低学年のころであった。意味がわからずに「シャショウサイ」と発音していた。「シャショウサイ」を食らうと、その月の家計が極度に圧縮され、時には「弁当なし」の欠食児童になることさえあった。私の通っていた小学校は、名古屋市の中心街にあり、級友には富裕な商家や高級官吏の子女が数多く在学していた。失業記者の息子が、こうした「名門校」に籍を置いていたという事実を怪訝に思われる向きもあろうが、これは父親の息子に対する精一杯の《思いやり》であったのである。老境の父は、余生に限りがあることを知って《せめて小学校ぐらいは……》と、母親に口癖のように言い訳をしていた。父の《思いやり》をよそに、私自身は《名門校》に馴染めなかったばかりか、幼な心に抵抗すら感じていた。育ちの良い子弟集団のなかでの、田舎育ちの粗野な少年の挙措が、周囲と違和感を生ずるのは当然のことであった。学術、操行ともに、小学校在学中は終始一貫して父の期待を裏切りつづけた。

小学校二年生のとき、二・二六事件(東京事件)が起こった。当時の国情と、父のような生活者が置かれた立場を理解していただくために、山浦貫一《やまうらかんいち》(読売新聞記者)という、当時の著名なジャーナリストから、父にあてられた書簡を紹介させていただこう。

……「話せばわかる」デモクラシズムが「問答無用」のファシズムに吹き飛ばされた事件(五・一五事件)を転機として、世の中は百八十度くるっと回ってしまった。五・一五の次に、二・二六事件です。二度あることは三度と申します。いやな世の中になったものです。私は夕刊短評を担当していますが、脅迫状がくるのです。

この間来たのは「五月十五日は近づけり、お前の私宅もちゃんと調べてあるぞ」という奴です。万一ピストルを突きつけられた時、泰然として「撃つなら撃て」と言えるだろうか。意気地がない話ですが、自信が持てないですネ。福岡日々の菊竹六鼓氏が《いつ殺されても死恥をさらさぬように》と毎日、下帯を新しいのに取り替えて出社したという逸話もゆかしく感じられます。

先生(父のこと)は脅迫される側では大先輩でいらっしゃるから、これ位のこと屁とも思っていられないでしょうが、私のような未熟者はビクビクします……。

(後略)

そして、小学校四年の「七夕祭」の夜、蘆溝橋事件が起こり、中国との間に本格的な戦争が始まった。

も、とせの　後を思へよ　いくさ人
　かたきに運の　めぐり来ん日の
（一九三八年）

父の発行していた小冊子に載った自作の歌であるが、その頃になると「反戦思想の醸成」「軍の行動誹謗歪曲」「和平機運の醸成」等々と、出版警察は何かと口実を作って「差し押え」「発禁」処分を頻繁に行うようになり、それにつれて一家の生活は困窮の度を深めて行くばかりであった。

そんな中で、父と母は、生きるための手段として文化的な生活を捨て「原始的」な生活を選択しなくてはならなかった。不慣れな肉体労働でもって庭を耕し、鑑賞樹木を伐採して野菜を栽培した。そして、父は手近な蛋白源を求めて日課のように《川魚釣り》に出かけた。学校から帰ると、私はカバンを投げ出して、父の後を追って釣り竿を担いで息せき切って池や川へ突っ走ったものである。こうした私自身の生活は、父が病没する中学二年生の夏まで続いたのである。

およそ「教育」とは、絶縁状態の私の少年時代であったが、明治三二年に東京帝国大学法学部を卒え、さらに大学院まで進んだ「教育」に関しては《超エリート》であった父は、一度だって学業成績に口を出したり、干渉めいたことをしたことがなかった。

父自身が、すでに「教育」そのものに空々しさを感じていたからだったかもしれない。子供に対すること「教育」についての傍観態度は、私のみならず兄たちに関しても同様であった。しかし、それにもかかわらず兄たちは父を見習うかのようにエリート教育を卒え、そして就学しているのもあった。そんなわけで、近所界隈では「教育一家」と誤解さえされていたのである。

夕焼け空を眺めながら、釣り竿を担いで父と並んで家路を辿るとき「三角形の二辺の和は、他の一辺よりも大なり……」と、冗談を言いながら、野道を急いだのが、教育的な一面を見せた父親の唯一の思い出であった。私にとって「教育」とは、父の生きざまそのものの姿であったのかもしれない。ファシズム非常時下にあって、幾多の《弾圧》や《いやがらせ》にもかかわらず、私の父は野菜づくりや釣りを楽しみ、自然の中での閑雅を人一倍希求した。「落ち着いた静かな生活をなし得ない者の運命は、すでに定まっている」というのが、父の持論でもあった。「辺境」にあって自足するものの気概ともいうべきものであろうか。

父と子の直截にして最も有効な交流の場であった人生最後の「ハゼ釣り」を果たした父は、これまた最後の小冊子となった第八年第一六号(八月二〇日付)の編集にとりかかった。この号は、県特高課から「国家総動員法」による《好ましからざる雑誌》として、遂に廃刊の勧告を通達されることになった。そして、たまたま病状も悪化して死期の近づいたことを悟った父は、九月に入ると最後の闘志を奮い起こして「廃刊と社会的訣別の辞」を印刷して、永年の読者や支援者あてに発送した。水のほかは、一切の食物を受けつけず、全身衰弱のため声も、か細くなってしまった父は、病床に泣きじゃくっている私を呼び寄せて次のように言い残したのである。

「身を立て名を挙げようなんて大望は抱くな。人間は井戸を掘り家を建てることが出来れば一人前だ……」「鶏口として生きるより牛後でもよいから平穏に生きることだ……」

生一本な警世家や教育者が耳にしたら蔑視しかねないような人生訓をくどくどと述べ聞かせたのである。今にして思えば、父の遺言は、いかにも《今日的》発想であり、現代人にとっては《皮肉な真理》とも言うべき助言であった。しかし、不幸にしてと言うべきか今もって、その一端すらも果たし得ない私なのである。

昭和ファシズムという強大な権力と対峙して、無名の抵抗者として一貫した《誇り高き》父であったが、私ども身内の間でも評価はさまざまである。父の影響を直接的に受けて、社会人であったり兵役に服していた兄たちの間では余り芳ばしくないようでさえある。

戦後も大分経てから、父のことを《異色の反戦ジャーナリスト》として、美談の主でもあるかのように紹介されたことがあった。だが、そうした側面からのみ父を眺めると、人間像ばかりか、時代の歴史すらも不透明なものになってしまうのではないかと危惧するのである。父を《反戦ジャーナリスト》たらしめたのは、むしろ《時代のゆがみ》がそうさせたのであって、本質は自己欺瞞を許容できなかった人間臭の芬々《ふんぷん》とした一言論人であったという事実を、声を大にして証言したいのである。

解説

青木 理

あれはたしか高校生のころだったと記憶している。当時暮らしていた故郷・信州の実家で私は、父の書棚に本書『抵抗の新聞人　桐生悠々』が並んでいるのを見つけ、なにげなく手に取り、はじめて読んだ。そして、夢中になって一気に読み終えた。いわゆる黄版の岩波新書だった。

父は学校の教員だった。ただ、当時はメディアとかジャーナリズムの世界に関心を寄せている気配はなかったから、なぜ書棚に本書が並んでいたのかは定かでない。その父も数年前に他界し、いまとなっては本当のところを尋ねることもできない。けれど、うすうすは推測がつく。

人物評伝である本書がテーマとした新聞人・桐生悠々こと桐生政次は、父が長年生活を営んだ信州の地元紙・信濃毎日新聞の主筆を二度にわたって務め、その評伝を執筆したのも同じ信州出身の――しかも、父が永住の地として居を構えた信州は佐久平出身の作家・井出孫六さんだったこと。田舎ではインテリとして扱われがちだった学校教員の父にしてみれば、地元に縁《ゆかり》ある偉人の実像を地元出身の作家が描いた作品には一応目をとおしておかなければと、おそらくはそんなところが理由だったのだろうと思う。

だが、私にとってはかけがえのない一冊になった。本書を読んで私は新聞記者という仕事を職業としてはじめて自覚的に意識し、メディアやジャーナリズムの世界に漠然とした憧れを抱いたのである。そして実際にいま、メディアとかジャーナリズムと呼ばれる仕事に三〇年以上も携わっている。あのときに父の書棚で本書を見つけ、読まなければ、ひょっとすると別の職業に就いていたかもしれない。

つまり、本書は私の人生にかなり大きな影響を与えた。したがって今回、岩波現代文庫版として新たに編まれた本書の解説を委ねられたのは感慨深く、光栄でもあるのだが、その解説を私事に属する事柄から書き起こしたのは、一冊の書籍が時に人の生き方を左右する力を持ち、本書にはその力が確実に宿っていることを強調したかったからでもある。なにより私がその当事者であり、高校生のころ父の書棚から取りだした黄版の岩波新書は、いまも大切に私の手元に置かれている。

奥付を開いてみると一九八〇年六月二〇日が発行日となっている初版だから、私が読んだのはやはり一〇代の中盤から後半にかけてのことだったのだろう。その後に大学に入るため上京し、卒業して通信社の記者となり、海外を含めて転居を繰りかえしたが、本書はそのたびに転居先の書棚に並べ、機会あるごとに再読してきた。当然のこととして全体がすっかり経年劣化して黄ばみ、あちこちの頁に赤線や鉛筆の黒線が引かれ、そこかしこに書き込みもあり、いくつもの頁の隅が幾重にも折り曲げられている。

しかし、驚くべきことに、いまから半世紀近く前に井出さんが記した文章はもちろん、戦前戦中に桐生悠々が記して井出さんが引用した文章の数々も、その本質の部分においてまったく古びていない。それどころか、メディアやジャーナリズムの仕事に携わる者たちにとっては、いまなおしっかりと噛みしめて反芻するべき言葉があちこちにちりばめられている。

だから私が幾重にも線を引いた本書の文章のうち、いくつかをここであらためて引用してみたい。たとえば一度目の信濃毎日新聞の主筆時代、悠々は次のような文章を書き残している。

〈僕は元来甚だ心弱い。新聞記者として交友を広くすると、特に要路者や、県や市の有力家と往復すると、まさかの時に筆が鈍《に》ぶる。筆を持っていて其人の渋面が目の前に見える、斯《こ》うなると、つい友情の為に絡《から》められて、ついに正義を曲げるようなことが出来《しゅったい》しやしないか。だから直接に社に関係ある株主さえも訪《と》うたことがない〉

あらためて記すまでもなく、第一線の取材記者であるなら、どのような人物でも直接会い、時には懐に飛び込んで話を聞き、その主張に耳を傾けるべきところがあれば傾けなければならない。ただ、新聞編集の長たる主筆や論説記者は少々立場が違うと悠々は言う。この姿勢を全面的に肯定するか否かは議論の分かれるところだろうが、少なくとも新聞の主筆としての悠々のこの慎重さと矜持は、時の権力者に誘われて嬉々として会食や酒食等に応じて恥じる気配もない昨今の論説記者や主筆、あるいはメディア経営陣に、その爪の垢を煎じて飲ませたいぐらいではないか。

　悠々のこの自戒的一文については、井出さんも続けてこう評している。

〈論説記者としての悠々は、小心と疑われるほどに、人との交わりに注意をくばっている〉〈悠々のなかには小心と大胆がつねに背中あわせに同居していた。彼が大胆な行動に出るのは、いつも正義感を発条《バネ》とするものであったことを、その伝記を追って知ることができる〉

　もうひとつ、一九一八年に米騒動が燎原の火のように全国へと燃え広がった時期、報道統制に乗り出した政権に向けて悠々が書いた次の文章にも私は幾度も線を引いている。

〈新聞紙は事実を国民に報道することによって、平生国家的の任務を果している。否、事実の報道をほかにしては、新聞紙は存在の価値もなければ意義もない。更に進んで言えば事実の報道即新聞紙である〉〈しかるに現内閣は、今や新聞紙の食糧を絶った。事ここに至っては、私共新聞紙もまた起って食糧騒擾を起さねばならぬ。彼等は事実と云う新聞紙の食糧を絶って、今や新聞紙の生命を奪わんとしている。新聞紙たるものはこの際一斉に起って、現内閣を仆《たお》すの議論を闘わさなければならぬ。社会生活と何等の交渉なき新聞紙を作ることは私共の断じて忍び得るところではない。今や私共は現内閣を仆さずんば、私共自身が先ず仆れねばならぬ〉

この悠々の一文は、井出さんがこう評した。

〈もし一九一八年に「ピューリッツァ賞」というものがあったとしたら、それは、東洋の片隅の、外国人の誰も知らぬ新聞に掲げられたこの「新聞紙の食糧攻め――起てよ全国の新聞紙！」に与えられてしかるべきだったと、わたしは思うとともに、この悠々の名社説は日本新聞社説史の金字塔ではあるまいか〉

まったく同感だが、あらためてこうして読みかえしてみると、桐生悠々は決して破天荒に抵抗するだけの新聞人ではなく、むしろ新聞の原理原則に――いまふうに言えばメディアとジャーナリズムの原理原則に極めて忠実な、非常にオーソドックスな正道を行く新聞人、メディア人であったことに気づかされる。

もちろん、本書でも頁を割いて紹介されているように、桐生悠々の名をいまにとどめる大きなきっかけとなったのは信濃毎日新聞の主筆として書いた社説〈関東防空大演習を嗤ふ〉であり、その評価を定着させたのが黄版の岩波新書として刊行された本書だった。だから悠々といえば「硬骨の言論人」とか「反戦ジャーナリスト」とか、そういったイメージが先行し、それはそれで決して間違っていないにせよ、在郷軍人会などの怒りを買って信濃毎日新聞の主筆を追われることになった〈関東防空大演習を嗤ふ〉もあらためて読めば、単にセンチメンタルな反戦メッセージではなく、徹底して事実に立脚し、至極当たり前の現実を至極当たり前に書いていたことに読者も気づかされたはずである。

悠々自身、晩年に刊行した個人誌『他山の石』で〈言いたい事と、言わねばならない事とを区別しなければならない〉と書いている。すなわち〈言いたい事を言う〉のは〈権利の行使〉であるのに対し、〈言わねばならないことを言う〉のは〈義務の履行〉であって、〈義務の履行は、多くの場合、犠牲を伴う。少なくとも、損害を招く〉と。

要するに桐生悠々は、「言わねばならないことを言う」という新聞人の義務に忠実だったのであり、ファッショの嵐が吹き荒れた暗黒の時代、同時代の新聞人や言論人がその義務から逃げ、口を閉ざし、あるいはペンを曲げ、軍部や世情におもねり、果たすべき義務を果たさなかったからこそ、結果として悠々が突出してしまったと考えるべきではないか。

そのことは今回、岩波現代文庫版として編まれた本書に新たに加えられた悠々の五男・桐生昭男氏のエッセイに、こんな一文があることからも浮かびあがってくる。

〈戦後も大分経てから、父のことを《異色の反戦ジャーナリスト》として、美談の主でもあるかのように紹介されたことがあった。だが、そうした側面からのみ父を眺めると、人間像ばかりか、時代の歴史すらも不透明なものになってしまうのではないかと危惧するのである。父を《反戦ジャーナリスト》たらしめたのは、むしろ《時代のゆがみ》がそうさせたのであって、本質は自己欺瞞を許容できなかった人間臭の芬々《ふんぷん》とした一言論人であったという事実を、声を大にして証言したいのである〉

なるほど、と深く頷く。もとより昭男氏は、新聞人としての悠々よりむしろ肉親としての桐生政次と濃密に触れあった立場ではある。だが、そうした立場から見た悠々の人間としての素顔が盛り込まれたのは、黄版の岩波新書が岩波現代文庫として新たに編まれ、一冊の評伝としてさらに膨らみを増した部分といえるだろう。

ただ、昭男氏が指摘するように、悠々を〈反戦ジャーナリスト〉たらしめたのが〈時代のゆがみ〉だったとするなら、私たちは足下を見つめかえして自戒しなければならない。果たして現在は大丈夫だろうか、と。

再び悠々の言葉を借りるなら、〈超畜生道〉に堕するような気配が政治や社会のそこかしこに漂ってはいないか。さらに悠々の句から一部を借用するなら、たとえ〈嵐の夜〉であっても政治や社会に向けて警鐘を鳴らしつづける〈蟋蟀《こおろぎ》〉たるべきメディアやジャーナリズムは、いま、その義務を忠実に果たし、〈鳴き続け〉ているだろうか、と。

ところで、私には以前から抱いていた疑問があった。井出孫六さんはいったいなぜ、桐生悠々という新聞人の評伝を手がけようと考えたのだろうか。

残念ながら井出さんも昨年(二〇二〇年)一〇月に八九歳で世を去ってしまい、いまとなってはご本人から直接話を訊くこともかなわない。実をいうと郷里・佐久平の同じ高校に学んだ大先輩でもある井出さんにお目にかかる機会を得なかったのは私の痛恨事なのだが、抱きつづけてきた疑問への答えもまた、いくつかは推測することができる。

ひとつには、井出さんにとっても信州は懐かしき郷里であり、地元紙で名主筆とうたわれた新聞人に興味を惹かれたことはまずあったろう。あるいは、郷里にありながら戦中日本の言論界に大切な軌跡を残した桐生悠々をもっと広く世に知らしめたいという思いもあったに違いない。

だが、それだけで一人の作家が一人の人間の評伝を手がけようと思い定めたとは、私にはどうしても思われない。誰が考えても明白な時代的要請や編集者の依頼で書いたような評伝ならともかく、戦前・戦中の新聞人である桐生悠々という人物を評伝のテーマに据え、資料を渉猟して関係者に話を聞き、その実像を自ら描こうと決意した井出さんのなかには、悠々という人物を通じて考えさせられた何事かが痛切にあり、悠々という人物を通じて広く何事かを伝えたいという内在的な動機があったのではないか。だからこそ本書は紡がれたのであり、物書きというものはそういうものだと私は思う。

しかし、井出さんは本書のなかにそうしたことをほとんど書いていない。ふつうなら「あとがき」などのなかで触れられていてもおかしくないのだが、岩波新書版の末尾に添えられた「あとがきに換えて」にも、取材に協力してくれた人びとや編集者らへの謝辞などが短く記されているだけで、井出さんがこの評伝を書くに至った内在的な動機についてては触れられていない。

だが私は今回、その答えの一端と思われる事実を知った。井出さんが世を去り、本書が岩波現代文庫版として編まれるにあたり、担当編集者が井出さんの遺族を訪ね、本書を取材する過程などで井出さんが残した手紙やメモ、ノート類の提供を受けたのである。

遺族の許可を得て、私もそれに目をとおす機会を得た。いずれも貴重な資料ばかりであり、取材者としての井出さんの真面目さと几帳面さがうかがわれる資料群でもあったが、そのなかに含まれていた一冊のノートに私は目を引かれた。それ自体はなんの変哲もない大学ノートだが、表紙にこれも几帳面な文字で記されていたのは〈桐生悠々の生涯　井出孫六〉。表紙をめくると、一頁目の冒頭に〈桐生悠々への接近の motif〉というタイトルが鉛筆で刻まれていた。

ノートの記述全体から推測すると、どうやら井出さんが大学などで講義するに際して準備したメモと思われる。ただ、そこには井出さんがなぜ桐生悠々という人物の評伝を書いたのか、その「motif」――すなわち動機や主題のようなものが書き遺されていることになる。タイトルに続いて手書きの鉛筆文字で刻まれた記述を原文のままここにいくつか引用してみたい。

〈自己紹介をかねて〉〈1955年、大学を出た。ちょうど鍋底景気と言われる時期、就職状況芳しくない〉〈同期で多数行ったのは映画関係〉〈仕方なく押出されて、大学院、中学・高校の教師〉〈腰掛としての教師――英語〉〈ある日、中公の広告、経験者も可〉〈1958年に中公入社〉……。

まさにこれは自己紹介であり、井出さんは東大文学部の仏文科に学んだ後、中学や高校の教師を経て一九五八年に編集者として旧・中央公論社に入社した。そしてノートには以後、ある衝撃的な事件の経過が数頁にもわたって詳細に記されていた。いわゆる風流夢譚事件、あるいは嶋中事件とも呼ばれる、右翼による言論へのテロとして戦後史に特筆される事件についての記述である。

概略を記せば、事件の引き金となる深沢七郎の短編小説「風流夢譚」を月刊誌『中央公論』が掲載したのは一九六〇年の一二月号だった。あくまでも「夢」の形を借りた寓話仕立てのフィクションにすぎなかったが、作中に皇族が処刑される描写があったことに右翼団体などが猛反発して抗議運動を展開し、翌一九六一年の二月には当時の中央公論社社長・嶋中鵬二宅が一七歳の右翼少年によって襲撃される。社長の嶋中は不在だったため難を逃れたものの、お手伝いの女性が刺殺され、嶋中の妻・雅子も重傷を負った。

この衝撃的な事件は、直前の一九六〇年一〇月に当時社会党委員長だった浅沼稲次郎がやはり右翼少年に刺殺された事件とあわせ、戦後における右翼テロの復活を示すものとも捉えられた。また、中央公論社は当初、「社業を通じて言論の自由を守る」との社告を出したが、まもなく嶋中が突如「お詫び」を表明して膝を屈し、同社が発行元となっていた雑誌『思想の科学』の天皇制特集号が発売直前に廃棄されるという無惨な出来事までつづけて起きた。

右翼テロに襲われ、大揺れに揺れた名門出版社。入社してわずか二〜三年目でその渦中に叩き込まれた井出さんにとっても強烈な出来事だったろう。ふたたび〈桐生悠々への接近のmotif〉と題された大学ノートに戻れば、事件の経過を精緻に振り返りつつ、井出さんがこんなことを書きこんでいるのが目に飛びこんでくる。

〈とるべき態度〉〈作家の書く自由を守ること〉〈書かれた作品を守ること〉〈編集者の掲載する自由を守ること〉〈掲載した事実をゆずらぬこと〉〈——total　表現の自由〉〈表現の自由について、誌上において論議すること〉〈風流夢譚に就いての論議を誌上にのせること〉〈夢をみる自由、夢を語る自由〉……。

そのうえで井出さんはこう書いている。

〈桐生悠々に学べ、シュピーゲルに学べ〉

後者の「シュピーゲル」とは、おそらく一九六二年に旧西ドイツで起きたシュピーゲル事件を指すのだろう。東西冷戦の緊張が高まっていた時期、その最前線でもあった西ドイツで「国家機密」なるものと言論・報道の自由が真正面からぶつかり、後者が前者を見事に超克したのがシュピーゲル事件だった。

これも概略のみ紹介すれば、西ドイツの代表的な週刊誌『シュピーゲル』は同年秋、NATO(北大西洋条約機構)軍の戦力や戦略を詳細に分析した特集記事を掲載した。これを「機密漏洩」「国家反逆」と捉えた当時の西ドイツ警察当局は、同誌発行人や編集者らを逮捕し、編集局を占拠した。

一方、これに同誌側は敢然と対峙し、メディア界ばかりか市民社会や政界からも政権の姿勢への批判や反発が強まり、シュピーゲル攻撃を裏であやつっていたタカ派の国防相は最終的に辞任に追い込まれた。そうして同誌の評価は強固に定着したのである。

そのシュピーゲルの毅然とした態度と並べ、井出さんは〈桐生悠々に学べ〉と書き残した。言葉をかえれば、国家権力やテロの暴力に怯えて小手先の事態収拾を目指すのではなく、言論や言論人としての正道を堂々と貫いてブレるな、と言いたかったのだろう。

いずれにせよ井出さんは、単に郷里の偉人を世に知らせたくて本書の取材・執筆に取り組んだわけではなかった。自らが若手編集者の一人として直面し、強烈な衝撃を受けた右翼テロの教訓などを通じて言論の自由とはなにかを痛切に考え、それを守りぬくために言論人や言論機関はどうあるべきかを内在的な動機とし、戦前戦中に敢然と軍部に抗った新聞人・桐生悠々をテーマとする評伝を構想した。

だから一九七〇年に中央公論社を辞して独立し、七五年に『アトラス伝説』で直木賞を受賞して作家としての地歩を築き、そして八〇年の本書刊行に向けて満を持して桐生悠々の評伝執筆に取り組んだのではないか。

そう考えれば、本書は抵抗の新聞人・桐生悠々の評伝であると同時に、右翼テロに襲われた出版社の渦中で言論の自由とは何かを考え抜いた井出孫六という作家が当時と現在の言論界に向けて遺したメッセージであるともいえる。

ならばやはり、私たちがそのメッセージとどう向き合うのかが問われる。いまから約一世紀も前、荒れ狂うファッショの暴風の下でも「言うべきこと」を敢然と言いつづけ、ジャーナリズムの義務を必死で履行した新聞人。それから約半世紀後、その新聞人の生き様をモチーフとしつつ言論の自由、報道の自由の価値を考え抜いた作家。いやいや、いまの言論状況はそれほど悲惨でもないよ、安心しても大丈夫だよ、などと胸を張れるメディア人、言論人などほとんどいないはずである。

少し前を考えても、権力行使への謙抑性に欠けた「一強」政権下、陰に陽に恫喝や圧力を受けたメディアには萎縮や自粛の気配が濃厚に漂っていた。ネットの隆盛などに伴って旧来メディアの経営基盤も存在基盤も大きく揺らぎ、メディア人たちはそれに右往左往させられてもいる。

また、メディア人や出版人たちがむしろ自ら膝を折り、政権や与党に媚びる提灯持ちが連をなし、不寛容や排他的な言説を盛んに撒きちらしてもいる。

そうしたなかで言論や表現、報道の自由を守るという作業は、たとえていうなら下りのエスカレーターに乗りながら階上を目指すようなもの。少しでも歩みを怠れば、あっというまに階下の床に叩きつけられて転倒しかねない。

そんな時期、長く絶版状態となっていた本書が岩波現代文庫版として蘇ったのは、少々大袈裟な物言いをすれば、閉塞感漂う現在のメディア界、ジャーナリズム界、あるいは広く出版や言論界に向けた大切なメッセージにも思われてくる。本書に刺激されてメディアとかジャーナリズムの世界に誘われた者として、あらためて本書が一人でも多くの人びとに広く、深く読まれることを心から願う。

さて、最後にもうひとつだけ、ふたたび私的なことに触れるのをお許しいただきたい。

おそらくは意図したものではなかったにせよ、書棚を通じて本書との出会いをもたらしてくれた父はいま、東京・府中にある都立多磨霊園に眠っている。もともと東京で生まれ育った父にとって信州は疎開先であり、先の大戦で亡くなった祖父以来の墓が多磨霊園にあったからなのだが、実をいうと桐生悠々が眠る墓も同じ多磨霊園にある。すべては単なる偶然にすぎないのだけれど、勝手に縁のようなものを感じた私は、父の墓参で多磨霊園を訪ねるたび、悠々の墓にも線香をたむけて手を合わせるようになった。

その悠々の墓——正確には「桐生家の墓」は、著名人の墓にありがちな威圧感とはまったく無縁な、ごく庶民的な墓石が立つこぢんまりとした、しかし清潔感の漂うさっぱりとした墓である。ここが悠々の眠る地だと知って訪ねなければ、誰一人として気づかずに通り過ぎてしまうだろう。

ただ、墓石のわきには小さな石碑が置かれ、その表面には計一二の文字が刻まれ、それがここは悠々の墓だということを雄弁に物語っている。そう、悠々の没後五〇年にあたる一九九一年に建てられた石碑に刻まれているのは、あの句である。

〈蟋蟀《こおろぎ》は鳴き続けたり嵐の夜〉

墓を訪ね、線香をたむけて手を合わせるたび、私は泉下の悠々に問われている気分になる。おまえはきちんと鳴き続けているか、いまの言論人たちはしっかりと鳴き続けているか、と――。

（あおき　おさむ・ジャーナリスト）

・『抵抗の新聞人　桐生悠々』は、岩波新書の一冊として、一九八〇年六月に刊行された。岩波現代文庫への収録に際し、特別付録「私にとっての《親子関係》」および「解説」を加えた。また、本文ならびにふりがなは、原則として新字・現代かな遣いとし、明らかな誤字・脱字等は修正した。
・「私にとっての《親子関係》」の初出は、『季報唯物論研究』一九九九年一一月号。
・なお本書には、今日の観点から見た場合、不適切な表現があるが、本著作の背景となる時代性を考慮して、原文どおりとした。

抵抗の新聞人　桐生悠々

2021年9月15日　第1刷発行
2023年6月15日　第2刷発行

著　者　井出孫六《いでまごろく》

発行者　坂本政謙

発行所　株式会社　岩波書店
〒101-8002 東京都千代田区一ツ橋 2-5-5

案内 03-5210-4000　営業部 03-5210-4111
https://www.iwanami.co.jp/

印刷・精興社　製本・中永製本

ISBN 978-4-00-603327-9　　Printed in Japan

岩波現代文庫創刊二〇年に際して

二一世紀が始まってからすでに二〇年が経とうとしています。この間のグローバル化の急激な進行は世界のあり方を大きく変えました。世界規模で経済や情報の結びつきが強まるとともに、国境を越えた人の移動は日常の光景となり、今やどこに住んでいても、私たちの暮らしは世界中の様々な出来事と無関係ではいられません。しかし、グローバル化の中で否応なくもたらされる「他者」との出会いや交流は、新たな文化や価値観だけではなく、摩擦や衝突、そしてしばしば憎悪までをも生み出しています。グローバル化にともなう副作用は、その恩恵を遥かにこえていると言わざるを得ません。

今私たちに求められているのは、国内、国外にかかわらず、異なる歴史や経験、文化を持つ「他者」と向き合い、よりよい関係を結び直してゆくための想像力、構想力ではないでしょうか。

新世紀の到来を目前にした二〇〇〇年一月に創刊された岩波現代文庫は、この二〇年を通して、哲学や歴史、経済、自然科学から、小説やエッセイ、ルポルタージュにいたるまで幅広いジャンルの書目を刊行してきました。一〇〇〇点を超える書目には、人類が直面してきた様々な課題と、試行錯誤の営みが刻まれています。読書を通した過去の「他者」との出会いから得られる知識や経験は、私たちがよりよい社会を作り上げてゆくために大きな示唆を与えてくれるはずです。

一冊の本が世界を変える大きな力を持つことを信じ、岩波現代文庫はこれからもさらなるラインナップの充実をめざしてゆきます。

（二〇二〇年一月）